dialog

Henschelverlag
Kunst und Gesellschaft
Berlin 1986

In der Garderobe erzählt

Herausgegeben von
Ingeborg Pietzsch

ISBN 3-362 00036-3

Inhalt

Vorbemerkung

Vor ein paar Jahren erschien in der »dialog«-Reihe des Henschelverlages ein Band »Garderobengespräche«, in dem ich eine Fortsetzung dieser Interviews ankündigte. Sie liegt nun vor. Wieder erzählen Schauspieler der älteren Generation über ihr Leben, ihren künstlerischen und politischen Werdegang, über Begegnungen mit bedeutenden Kollegen und Regisseuren und über Arbeitserfahrungen. Wieder bereichert auch Anekdotisches diese Mitteilungen.

Es sind – wie im ersten Band – zugleich aber auch theaterhistorische Berichte. Aus einem ganz persönlichen Blickwinkel heraus werden objektive Zeitgeschehnisse beschrieben, werden übergreifende methodische Probleme mitgeteilt und die Frage nach der Verantwortung des Künstlers in seiner Zeit und in seiner Gesellschaft gestellt.

Auch diese Auswahl beruft sich auf bereits in einigen Zeitschriften erschienene »Garderobengespräche«; eigens für dieses Buch geführte Beiträge kommen hinzu. Das betrifft vorwiegend Interviews mit international bekannten Schauspielern. Auch hier war erneut der Gedanke wichtig, sowohl durch spezifisch nationale, als eben auch übergeordnet internationale Aspekte auf Traditionen und Neuerungen, auf Gemeinsames und Trennendes zu verweisen. Und wie schon im ersten Band rangierte bei der Auswahl ausländischer Darsteller der Popularitätsgrad vor dem Geburtsdatum.

Nicht ganz zufällig ergab sich bei der Zusammenstellung, daß ein großer Teil der hier befragten Künstler österreichischer Herkunft ist. Es wird nicht ohne Interesse sein, ihre unterschiedlichen Entwicklungswege – bei mitunter ähnlicher Ausgangsposition – zu vergleichen. Einige dieser Darsteller haben jahrelang das Profil des DDR-Theaters entscheidend mitgeprägt. Begegnungen untereinander oder mit gleichen Arbeitspartnern, direkte oder indirekte Berührungspunkte machen den Reiz vieler Gespräche (gerade im Vergleich auch mit den Interviewten des ersten Bandes) aus. Die starke Konzentration auf Schauspieler der »Wiener Schule« schien es auch ratsam werden zu lassen, ein Garderobengespräch mit Wolfgang Heinz in dieses Büchlein aufzunehmen. (Aus dem ersten Band war er bewußt ausgeklammert worden, weil zum gleichen Erscheinungstermin ein ausführlicher Sammelband über ihn vorlag.)

Die Äußerungen der Schauspieler wurden in den meisten Fällen auf Tonband festgehalten. Dann wurde den Interviewten eine redigierte Fassung vorgelegt, die von ihnen bearbeitet und autorisiert wurde. Eine Ausnahme bildet das Gespräch mit Paula Wessely, die lediglich über einen bestimmten Lebensabschnitt sprechen wollte, so daß ihre Mitteilungen durch Berichte aus anderen Publikationen ergänzt werden mußten. Die hier veröffentlichten Fotos wurden zum Teil aus Privatarchiven zur Verfügung gestellt. Dabei ließen sich nicht immer das Aufführungsjahr, die Rolle oder der Name des Partners bzw. Regisseurs feststellen. Die Bildunterschriften können deshalb nicht in jedem Fall vollständig sein.

Eine Sammlung von Kurzbiografien ergänzt den Band. Die biografischen Angaben und ein Verzeichnis der Rollen – wobei auf Vollständigkeit verzichtet werden mußte – wurden zumeist dem Theaterlexikon, erschienen 1977 im Henschelverlag, entnommen.

Ganz besonders habe ich den Schauspielern zu danken, die durch ihr freundliches und offenes Entgegenkommen im Gespräch das Werden und Erscheinen dieses Büchleins ermöglicht haben.

Sommer 1985 Ingeborg Pietzsch

Jean-Louis Barrault

Am 8. September 1910 wurde ich geboren. Und zwar in der Rue de l'Eglise 11 in Le Vésinet, einem Villenvorort von Paris, nicht weit von der Notre-Dame Kirche entfernt.

Nichts in mir schien für das Theater vorbereitet. Meine Vorfahren väterlicherseits waren Winzer aus Burgund; meine Mutter stammte von kleinen Händlern aus Paris ab. Meine ersten Erinnerungen reichen bis zur Einberufung meines Vaters zurück; 1914 zog er in den Krieg. Er starb, kurz bevor der Krieg zu Ende war. Ich war acht Jahre alt. Der Lehrer in der Schule, ein Kriegsinvalide, feierte den Waffenstillstand mit begeisterten Worten. Alle Kinder jubelten, sie sangen, und der Lärm war groß. Nur ein kleines Kind weinte. Das war ich. Der Lehrer, eben jener Invalide, war über den mangelnden Patriotismus so empört, daß er mir eine gehörige Tracht Prügel versetzte und dabei seinen Stock auf meinem Rücken zerbrach. Als ich in meinem desolaten Zustand zu Hause von meiner Mutter gesehen wurde, packte sie mich an der Hand, ging in die Schule und verlangte, den Direktor und den bewußten Lehrer zu sprechen. Dieser beharrte auf seinem Standpunkt, und meine Mutter versetzte ihm daraufhin ein paar gewaltige Ohrfeigen. So habe ich an einem Tag beides erlebt: Wie man einen Toten beschimpft und wie man einen Kriegsverletzten, der das Eiserne Kreuz trägt, ohrfeigt.

Wenn man sagt, daß bestimmte Charaktereigenschaften durch Kindheitserlebnisse ausgebildet werden, so ist ohne Zweifel etwas Richtiges daran. Mir jedenfalls blieb von dieser Episode der Abscheu vor dem Militär und dem Krieg zurück und immer, wenn irgendwo auf der Welt Kriege angezettelt werden, fühle ich meine Erinnerung an die Toten und besonders die an meinen Vater besudelt. Nie habe ich dies Kindheitserlebnis vergessen können.

Ich war ein guter Schüler. Ich war verrückt nach Mathematik, und es konnte mir passieren, daß ich die Lösungen mancher Aufgaben im Traum fand. Meine ganze Liebe gehörte der dreidimensionalen Geometrie; die Poesie des Raumes reizte mich. Damals wußte ich noch nicht, wie sehr das alles mit dem Theater zu tun hat. Trotz der Freude, mit der ich zur Schule ging, war ich kein Streber. Die Freude, eine quirlige Lebensfreude, äußerte sich vielmehr darin, daß ich den Klassenclown mimte und meine Mitschüler zum Lachen reizte. Oft genug brachte ich mich auf diese Weise um den ersten Platz in der Klasse.

Seit dem Tode meines Vaters hatte sich viel verändert. Wir wohnten beim Großvater, der ewig mit uns nörgelte, den Daumen auf dem Geld hatte, zugleich aber hilfsbereit und äußerst tüchtig war. Er bezahlte mir den Besuch des Gymnasiums.

Zur gleichen Zeit, als meine Leidenschaft so sehr der Mathematik galt, malte ich auch schon außerordentlich gern. Und noch eine besondere Neigung hatte ich: Wir besaßen in Beauregard ein Haus (Beauregard ist ein Ort der Weinbauern); im Sommer lebten wir dort. Ich liebte das Land, die Winzer, die Schäfer... Mit fünfzehn Jahren hätte ich meinen Unterhalt als Weinbauer verdienen können. Und jedes Jahr nahm ich nicht nur an der Weinlese teil, sondern stieg selbst auch in die Preßbütte. Die Weinlese aber war es, die mir zutiefst die Sensualität des Lebens erschlossen hat.

Etwa mit fünfzehn, sechzehn Jahren kam das Interesse für das Theater zu all den anderen Leidenschaften hinzu. Ich las François Villon, spielte Theater vor meinen Verwandten und Freunden, wurde bereits von Bekannten ermuntert, weiterzumachen und sollte sogar Jouvet vorgestellt werden. Doch vor dieser Begegnung kniff ich; typisch für mich, daß ich zögere und lange jeden Schritt erwäge.

Unvermutet war der Besuch des Gymnasiums beendet. Der Großvater zahlte nicht mehr – er meinte, ich sei nun achtzehn Jahre alt und müßte mir meinen Lebensunterhalt selbst verdienen. Ich sagte: »Gut, es ist zu Ende«, und begann mir Arbeit zu suchen. Zunächst als Buchhalter-Lehrling. So profan die Tätigkeit auch war, mir ermöglichte sie, in ein geradezu kafkaeskes Universum einzudringen. Doch lange hielt ich das nicht aus. Nach Hause zurückzukehren und den Reinfall zuzugeben bzw. den Großvater um erneute Unterstützung zu bitten, mochte ich aber auch nicht. Nein, ich wollte es ihm beweisen! So verkaufte ich schließlich Blumen in den Hallen. Früh, fünf Uhr morgens, begann die Arbeit und ging bis in die Mittagsstunden. Von mittags bis abends studierte ich dann die Schönen Künste in der École du Louvre …

Das Leben in den Hallen, so anstrengend es war, hat mich manches gelehrt: Ich konnte die Menschen genau beobachten, kam mit ihnen zusammen, erlebte das »Theater« des Kaufs und Verkaufs. Die ständige übermäßige Anspannung zwang mich aber auch, meine Kräfte einzuteilen: Ich lernte, egal an welchem Ort, sofort zu schlafen, eine Gewohnheit, die mir geblieben ist …

Trotz allem wirkte sich die Überbeanspruchung negativ auf das Studium aus. Also mußte ich mir eine andere Arbeit suchen. Ich ging zurück zum Gymnasium – jetzt als Studien-Aufseher. Aber mit ganzen Gruppen von Kindern kam ich nicht zurecht. Mit dem einzelnen Kind wohl, doch vor der Masse war ich verloren. Das war schließlich eine erneute Lektion über die menschliche Natur und eine wohlverdiente Lehre. Hatte ich nicht selbst als Schüler die schlimmsten Streiche ausgeheckt?

Meine Bewerbungen, die Malerei betreffend, schlugen fehl. Nichts klappte. Einfach, um es überhaupt einmal zu versuchen, schrieb ich schließlich einen Brief an Charles Dullin, den berühmten Schauspieler vom Ateliertheater. Zu diesem Zeitpunkt hatte mich schon die Leidenschaft für das Theater gepackt. Ich wollte dorthin – mit allen Fibern meines Herzens. André Gide hat einmal sehr treffend geschrieben: »Sünde ist das, was man außerstande ist zu unterlassen.« Ich wollte zum Theater, wie man eine Sünde will. Also schrieb ich Dullin. Und sprach ihm vor – eine Szene aus *Britannicus* von Racine, eine andere aus *Die gelehrten Frauen* von Molière. Dullin hörte sich das an und fragte mich, als ich geendet hatte, schließlich: »Sie wollen wirklich zum Theater?« Ich antwortete mit »ja«. Er fragte mich weiter, ob ich das Studium finanzieren könne. Ich entgegnete wahrheitsgemäß, daß ich kein Geld hätte. Er darauf: »Sagen Sie niemand etwas! Ich lasse Sie an meiner Schule unentgeltlich studieren.«

Von nun an führte ich ein herrliches Leben. Am 8. September 1931 begann meine Ausbildung als Schauspieler – ich debütierte im Ateliertheater als Diener des Volpone (Dullin) – und vier Jahre blieb ich dort. Ich lernte, was es zu lernen gab und guckte ab, was es abzugucken gab. Dullin lehrte uns die Kunst der Improvisation, was neu war zu jener Zeit. Man kam mit interessanten und sehr verschiedenartigen Menschen zusammen, zum Beispiel mit Etienne Decroux. Er »tanzte« seine Rollen fast, probierte neue Mittel aus und suchte für seine Ideen Verbündete; ich wurde sein Freund. Wir arbeiteten wie besessen; das berühmte Gehen auf der Stelle hat uns drei Wochen Arbeit gekostet. Durch Decroux habe ich die Kunst der Mimen erlernt. Sie sollte mir später in *Kinder des Olymp* (und nicht nur dort) zugute kommen.

Auch Artaud und die Surrealisten lernte ich kennen. Sie wurden Freunde, Mitstreiter und Vorbilder. Aber schließlich kam der Zeitpunkt, wo ich selbst etwas »machen«, etwas ausprobieren wollte. 1935 inszenierte ich – mit einer Schar Gleichgesinnter – eine Adaption von William Faulkners Roman *Als ich im Sterben lag*, und zwar als »totales Theater«: Dreißig Minuten Text; der Rest Schweigen – eineinhalb Stunden lang ... Ich hatte mir vorgenom-

Jean-Louis Barrault als Pantomime Baptiste in Marcel Carnés Film Kinder des Olymp – *1945*

men, in einer solchen stummen Szene zugleich Pferd und Reiter zu sein. Ich arbeitete wie besessen daran; vormittags vor dem geschlossenen Vorhang, während die Putzfrauen das Theater säuberten. Eines Morgens, als ich mich abmühte und schon glaubte, es nie zu schaffen, rief mir die eine Putzfrau, auf ihren Besen gestützt, zu: »He, junger Mann! Ich möchte mal wissen, was Sie da so auf Ihrem Pferd machen!« Es sind das die ermutigendsten Worte, die ich je in meinem Leben gehört habe. Ich umarmte diese Frau, die von mir glaubte, ich sei verrückt geworden.

Die Meinungen über die Aufführung waren übrigens sehr unterschiedlich; ein Teil des Publikums lehnte das Avantgardistische daran ab. Artaud dagegen wurde dadurch inspiriert, seinen berühmten Artikel »Das Theater und sein Double« zu schreiben. Auch lernte ich Jouvet kennen, kam mit Roger Blin, Jacques Prévert und anderen Surrealisten näher in Kontakt. Kurz, ich hatte mir meinen Platz im Pariser Theater erobert. Schließlich gab mir Marc Allégret kurz nach unserer Premiere meine erste Filmrolle. Ich spielte in *Les Beaux Jours* ... Ich verließ schließlich das Ateliertheater, und ein wichtiger Abschnitt meines Lebens war damit beendet.

Nur wenige Zeit später lernte ich Madeleine Renaud kennen. Wir drehten gemeinsam den Film *Hélène.* Ich bewunderte diese Schauspielerin, die seit Jahren an der Comédie Française wirkte, und ich war glücklich, mit ihr arbeiten zu dürfen. Seit dieser Zeit haben wir uns nie mehr verlassen.

Damals, als wir uns kennenlernten, »blühte« ganz Paris. Die Comédie Française schien neu geboren durch interessante eigenwillige Künstlerpersönlichkeiten, die dort engagiert wurden. Giraudoux, Salacrou und Jules Romains schrieben wichtige Werke, Filme von Prévert und Carné, von Renoir und Grémillon kamen zur Aufführung. Sartre trat in Erscheinung. Wir waren mittendrin in diesem Trubel. Ich wurde bekannt durch meine Theaterexperimente, und dieser Ruhm trug mir Rollen beim Film ein. Mit dem Geld, das ich im Film verdiente, konnte ich meine Theaterexperimente finanzieren.

Meine Liebe hat immer den lebenden Autoren gehört, und ich habe selbst oft genug zur Feder gegriffen, wenn es die Möglichkeit, ein neues Werk auf den Spielplan zu setzen, nicht gab. Kafkas Romane habe ich ebenso adaptiert wie Werke von Hamsun, Saint-Exupery, Rabelais, Voltaire und Apuleius ... Ich inszenierte Romanvorlagen, die ich selbst gern als Zuschauer gesehen hätte. Und auch deshalb schrieb ich, damit die Autoren sich angeregt fühlen sollten, selbst Werke der Weltliteratur zu dramatisieren.

Jeder Regisseur liebt wohl die Stücke, die er inszeniert, ganz besonders. Ich auch. Natürlich. Aber die Werke von Paul Claudel sind für mich die wichtigsten. Ich war der Mechaniker dieses Ingenieurs.

Ich war 27 Jahre alt, als ich Claudel kennenlernte. Der Altersunterschied betrug 42 Jahre, und Claudel war zu dieser Zeit, als wir einander begegneten, schon ein fast tauber, alter Mann. Ich habe ihn geliebt wie ein Sohn seinen Vater. Vier Stücke habe ich von ihm inszeniert, aber diese vier Stücke immer wieder neu ... *Der seidene Schuh, Goldhaupt, Christoph Columbus, Mittagswende.*

Doch 1939 war daran noch nicht zu denken. Zu diesem Zeitpunkt wurde ich einberufen. Ein harter Schicksalsschlag, wie ich einige in meinem Leben hinnehmen mußte. Trotzdem halte ich mich für ein Glückskind. Ich habe auch die Militärzeit schließlich einigermaßen überstanden. Und dann wurde der Waffenstillstand unterzeichnet. Das war 1940. Jacques Coupeau hatte zu diesem Zeitpunkt eingewilligt, die Verwaltung der Comédie Française zu übernehmen. Er bot mir einen Vertrag an diesem Theater an, den ich aus Liebe zu Madeleine Renaud und aus Verehrung für Coupeau unterzeichnete. Damit begann ich – wie eine Figur aus einem Stendhal-Roman – im »Kloster« zu leben. Zu dieser Zeit in der Comédie Française zu spielen, dort zu sein, hieß treu zu sein wie ein Mönch. Ich debütierte im *Cid.* Das Debüt wurde eine einzige Katastrophe. Besser gelang mir der Hamlet; auch mein Auftreten in Racines *Phädra* wurde ein Erfolg. Und dennoch: an diesem Theater zu bleiben, hieß, in einem elfenbeinernen Turm zu leben. Ich hatte in der Comédie Claudels *Seidenen Schuh* inszeniert, eine Aufführung, die Furore gemacht hatte, ich hatte von Mauriac die *Ungeliebte* herausgebracht, Shakespeares *Antonius und Cleopatra* in der Übersetzung von André Gide aufgeführt und manches andere erarbeitet. 1943 war diesbezüglich ein Glücksjahr gewesen – die Aufführung des *Seidenen Schuh* gehört dorthin und meine Verkörperung des Baptiste in Marcel Carnés Film *Die Kinder des Olymp,* den Jaques Prévert geschrieben hatte. Eine ideale Rolle, die Pantomime, Theater und Film, meine ganze Jugend in sich vereinigte. Ein ganzes Viertel von Paris findet sich in diesem Film.

Nach dem Krieg wurden die Gesetze der Comédie Française durch die neue Regierung plötzlich verändert. Es war höchste Zeit! Doch so sehr wir die neuen Gesetze begrüßten, den Schauspielern galten sie nicht. So mußten wir – im vollen Bewußtsein dessen, was wir taten – dieses Theater verlassen. Es war der Ritt aus einem »Kloster«; auf dem Rücken meines Pferdes entführte ich die »Nonne« Madeleine Renaud – einer unbekannten Freiheit entgegen. Diese Freiheit »endete« schließlich im Theater Marigny.

Während meines Lebens habe ich neunmal das Theater gewechselt, und ich habe 35 Jahre gebraucht, um von einer Seite der Champs Elysees auf die andere zu gelangen (vom Theater Marigny zum Theater Rond point, in dem Barrault jetzt arbeitet, I. P.). Was das Marigny betrifft – unsere Truppe stellte sich zuerst mit *Hamlet* vor. Es folgten *Die falschen Vertraulichkeiten* von Marivaux und *Baptiste* (die Pantomime aus *Kinder des Olymp*). Mit uns arbeiteten der Komponist Arthur Honegger und Pierre Boulez – damals ein Anfänger –, bekannte Darsteller und hoffnungsvolle

Jean-Louis Barrault in dem Film Engel der Nacht – *1944*

junge Talente. Wir bildeten ein Ensemble, das durchaus imstande war, mit einem alternierenden Programm aufzutreten – für ein Privattheater ein absolutes Novum. Um ein wirkliches Ensemble zu entwickeln, benötigt man Darsteller, die die unterschiedlichsten Rollen bewältigen können. Das erhält ihr Talent frisch, und sie selbst entwickeln sich weiter. Ein Schauspieler kann heute eine Hauptrolle spielen und morgen mit einem winzigen Auftritt dabei sein, und er wird das gern tun, weil er – wenn er die Hauptrolle spielt – einen begabten Kollegen neben sich weiß, der wiederum froh ist, wenn die umgekehrte Situation besteht. Durch solch eine Methode kann sich eine Truppe entwikkeln – ein einheitlicher Stil wächst, Solidarität und Verständnis füreinander wachsen, und gleichzeitig entfalten sich differenzierte Begabungen. Nach diesem Prinzip habe ich mein ganzes Leben lang gearbeitet.

Ein Theater muß wie ein Bauernhof sein. Es gibt dort junge Bäume, die Früchte tragen, und alte, die den anderen ermöglichen zu wachsen. Wie in den alten Kulturen sollten die jungen mit den alten Menschen zusammen leben. Heute, im modernen Leben, sind die jungen Leute von den alten getrennt. Das ist unmenschlich. Es gibt Mitarbeiter an meinem Theater, die seit 35 Jahren bei uns sind. Trotzdem findet jedes Jahr ein Wechsel statt. Aber ein bestimmter »Kern« ist sich schließlich treu geblieben; Mitarbeiter, die unsere Compagnie eine »liebende Demokratie« genannt haben. Wenn wir eine Regierung bilden würden, müßte Madeleine Renaud Justizministerin sein …

André Gide hat in einem seiner Bücher von einem Naturgesetz berichtet, das auf mich großen Eindruck gemacht hat: Wenn in einem Fischteich die Fauna nur aus Weißfischen besteht, sterben die Tiere langsam, doch unaufhaltsam aus. Ursache: der Mangel an Aggression. Setzt man jedoch einen Hecht zu den Fischen, werden sie mobil, leben auf (bis auf einige, die gefressen werden) und vermehren sich. Ich habe dieses aktive, widersprüchliche Lebensgesetz immer für mich in Anspruch genommen und es das »Gesetz des Hechts« genannt. Ich habe überhaupt gern bestimmte »Gesetze«, ein Motto oder »Regeln« für mich selbst aufgestellt. Mit Claudel pflegte ich mich durch unser ironisches Motto »Schlecht, aber schnell« zu verständigen. Das Leben ist kurz, aber die Kunst ist langlebig. Man möchte immer mehr machen, als man kann. Sich für alles begeistern und an nichts hängen, ist eine meiner Lieblingsmaximen. Gut gesagt, doch nicht immer so einfach zu le-

Jean-Louis Barrault stellt seine Pantomime Sprache des Körpers *vor – 1982*

ben, vor allem, wenn sich Mißerfolge einstellen. Sie blieben nicht aus. Die hart erkämpfte Uraufführung von Camus' *Belagerungszustand* war der erste Eklat ... Und dann der Wechsel der vielen Theater. Zehn Jahre arbeiteten wir am Marigny. Die letzte Aufführung dort war Tschechows *Kirschgarten*, ein Schwanengesang, den wir indirekt selbst auf der Bühne erlebten. Schließlich gingen wir auf Reisen; wir haben fast die ganze Welt bereist: Amerika, Asien, Europa ... Unmöglich, alles aufzuzählen. Doch wozu arbeitet man am Theater, wenn nicht, um andere Menschen kennenzulernen, Kontakte mit ihnen herzustellen, zu versuchen, sie und damit sich selbst besser zu verstehen? Für einige Monate arbeiteten wir im Theater Sarah Bernhardt, dann ging es erneut auf Tournee. Wir lebten wie eine große Familie. Durch die Tourneen in der ganzen Welt begriff ich, daß das Theater eine Welt für sich ist. Das Wort »fremd« müßte aus allen Wörterbüchern gestrichen werden. Das unabhängige Theaterland gehört eigentlich in die UNO, seine Botschaft ist unbestritten, sie ist einfach da ...

Schließlich haben wir für zwei Jahre im Palais Royal abgeschlossen. Sage niemandem, es sei kein Risiko gewesen. Wir brauchten eine hundertprozentige Besucherauslastung, um uns finanziell über Wasser zu halten, und wir versuchten unser Heil auf der winzigen Bühne mit *Pariser Leben* von Offenbach, *Der seidene Schuh* und einer Uraufführung. Doch es ging gut.

Seit 1946 habe ich etwa 140 Stücke inszeniert, davon waren etwa 25 Prozent Klassiker; 4 bis 5 Inszenierungen werden pro Jahr herausgebracht. Ich habe das Festival Theater der Nationen mit ins Leben gerufen, und ein Internationales Kulturhaus (Maison Internationale du Théâtre) gegründet, das ich finanziere, weil ich es so wichtig finde, ein Zentrum zu haben, wo sich Theaterleute unserer ganzen Welt treffen können. Dort finden Kolloquien, Seminare statt, Vorträge werden gehalten, man spricht miteinander. Das Maison steht in ständiger Verbindung zu allen Nationalbibliotheken und Kulturhäusern in Paris, nicht zu vergessen mit dem ITI ... Doch noch einmal zurück zu meiner Biografie. Im September 1959 übergab uns André Malraux, der spätere Kulturminister de Gaulles, das Odéon-Theater und »verstaatlichte« unsere Truppe. Wir nannten das Haus Théâtre de France und lebten und arbeiteten dort bis zum Mai 1968. Da klopfte erneut das Schicksal an unsere Tür. Die demonstrierenden Studenten kamen in unser Haus, sie debattierten dort, ich stellte ihnen das Theater zur Verfügung. Mein Engagement für die »Linke« endete mit der Auflösung und Zerstreuung unserer Gruppe. Eine bittere Zeit ... Doch wir beide arbeiteten weiter. Wir führten eine eigene Fassung von *Rabelais* auf, wir stellten ein Repertoire zusammen, die »Compagnie Renaud/Barrault« reiste erneut durch die Welt. Schließlich zogen wir ins Théâtre d'Orsay ein. Doch meine Erfahrungen lehrten mich, an keinen Endpunkt zu glauben. Ich rechnete mit einem erneuten Rausschmiß. (Das Théâtre d'Orsay war ursprünglich ein Bahnhof, der abgerissen werden sollte; Barrault nutzte die schon leere Halle und ließ darin Theater spielen, I. P.) Die Regierung Guiscard d'Estaing versetzte mir einen neuen »Schicksalsschlag« – ich mußte das d'Orsay endgültig verlassen. Was blieb mir übrig? Ich habe jetzt zum neuntenmal ein anderes Theater bezogen; das Rond point. Wird es das letzte sein? Ich weiß nicht. Ich lebe weiter nach meinem Motto: »Sich für alles begeistern und an nichts hängen.«

Aufgezeichnet von Ingeborg Pietzsch

Ida Ehre

Geboren bin ich in Prerau (Mähren). Ich kam mit 2 Jahren nach Wien; und wir waren sechs Geschwister. Ich hatte ein »Mutterhaus«, kein Elternhaus, denn mein Vater starb, als ich zwei Jahre alt war. Meine Mutter war uns alles, wirklich alles, all das, was ein Mensch einem Menschen sein kann. Sie war das Beste, Klügste und Wärmste in meinem Leben. Sie mußte uns ernähren, und das hat sie – bei Gott! – mit zehn nackten Fingern getan. Wenn sie müde, und mehr als müde nach Hause kam, hat sie für uns erst gekocht, die Wäsche gewaschen, gebügelt, eben den Haushalt erledigt! Aber dann fand sie immer noch Zeit, uns die großen deutschen Dichter – wie Heine, Chamisso, Hölderlin, Schiller, Goethe und viele andere – vorzulesen. Durch meine Mutter habe ich die deutsche Sprache, die Poesie kennen- und liebengelernt. Meine Mutter war es, die uns Geschwister zu Menschen gebildet hat.

In der Schule glänzte ich nicht gerade mit guten Noten. Aber es gelang mir im Literaturunterricht relativ leicht, mich von den eben erworbenen schlechten Zensuren (für historische Daten, Biografien usw.) »loszukaufen«. Am Ende der Stunde wurde nämlich stets ein Gedicht aufgesagt – ich war immer dran, und das »nicht genügend«, das ich zuvor erhalten hatte, wurde gestrichen wegen meiner Interpretationen. Auch trug ich mit ungeheurer Bravour Heldengedichte in der Turnhalle vor. Ich inszenierte die Apfelschußszene im *Tell* und spielte selbst den Geßler. Ich habe aber nicht gewußt, was in mir steckt. Erst meine Mutter und meine Lehrer rieten mir, Schauspielerin zu werden. Übrigens war ich nicht die einzige in der Familie. Eine unendlich schöne Schwester habe ich gehabt. Sie war als

Schauspielerin in Berlin engagiert, litt aber so sehr unter Lampenfieber, daß sie ihre Karriere beenden mußte.

Vierzehn Jahre war ich alt, der Krieg begann, ich lernte die Hofschauspielerin Auguste Wilbrandt-Baudius kennen. Sie hat mich »Das Wurm« genannt, weil ich so unglaublich dünn war, und bot mir eine Stellung als Gesellschafterin und Sekretärin an. Ich griff zu und habe dieser Frau unendlich viel zu verdanken. Durch sie lernte ich berühmte und wunderbare Menschen und Künstler kennen wie Peter Altenberg oder Marie von Ebner-Eschenbach, uralt, verhutzelt, fast nur noch bettlägerig – ein Mensch von außerordentlicher Güte. Ich bin auch Hugo von Hofmannsthal begegnet, aber als Kind – und ein Kind war ich ja noch – weiß man solche Begegnungen noch nicht genügend einzuordnen, hat allenfalls eine Ahnung von der Größe dieser Persönlichkeiten.

Mit fünfzehn Jahren war ich zum erstenmal im Theater; vorher hatte uns das unsere Mutter finanziell gar nicht ermöglichen können. Die Frau Wilbrandt-Baudius hat mir ein Billett geschenkt, und sie hat mir »Fiakergeld« gegeben. »Schau«, hat sie gesagt, »hin kannst du mit der Bahn fahren, aber zurück, da mußt du allein sein können. Nach dem Genuß brauchst du die Stille. Da nimmst du dir einen Fiaker.« Dieses Stille-Werden nach einem künstlerischen Erlebnis, sich erst einmal ganz allein damit auseinandersetzen, das war eine wichtige Erfahrung für mich, die ich nie wieder verloren habe. Das Stück, das ich an jenem Abend sah, hieß *Die Grille* (den Autor weiß ich nicht mehr), aber es war ein Märchen für Erwachsene, wurde am Volkstheater gegeben und hat auf mich einen tiefen Eindruck gemacht.

Ich habe dann bald danach am Burgtheater den *Nathan* gesehen, meine Hofschauspielerin war die Darja; sie lernte die Rolle zu Hause, ich mußte sie abhören und die Stichworte soufflieren, und sie hat mich sehr beschimpft, wenn die Einsätze nicht zur rechten Zeit kamen. Nun, das war schon ein bißchen Theaterpraxis ... Frau Wilbrandt-Baudius machte mich, nachdem sie meine Begabung entdeckt hatte, mit einem Burgschauspieler bekannt. Dem sprach ich vor, ein wildes Gedicht von Egon Erwin Kisch und *Des Sängers Fluch* von Uhland. Darauf sagte er zu mir: »Komm doch bitte demnächst mit deiner Mutter zu mir!« Wir sind hingefahren, und er hat ohne Umschweife zu meiner Mut-

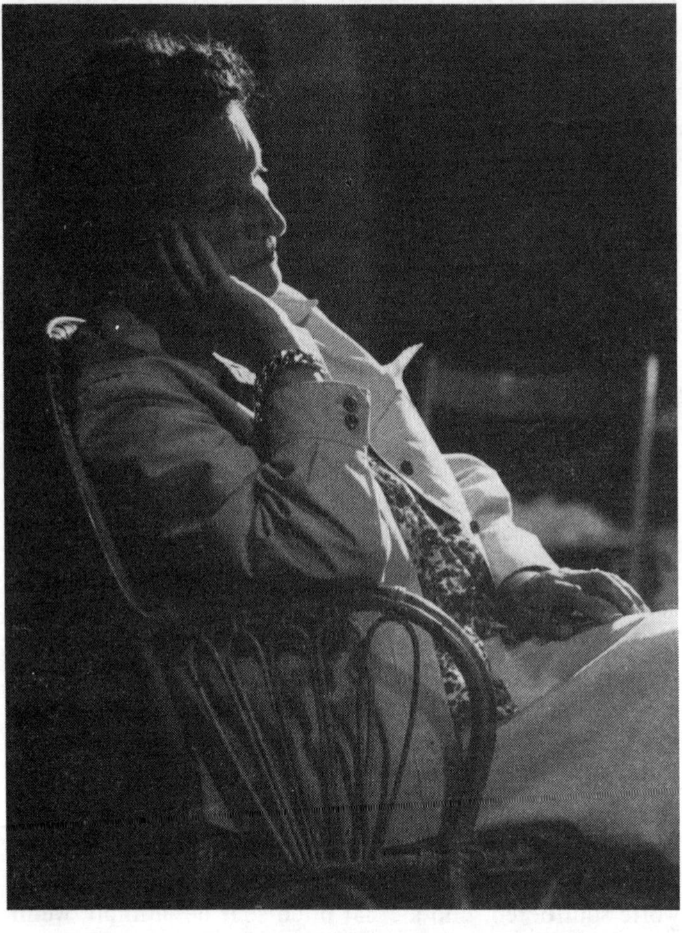

Ida Ehre 1981 beim Regieführen in den Hamburger Kammerspielen

ter geäußert: »Ich will Ihre Tochter unterrichten.« Meine Mutter hat nur entgegnen können: »Ich kann das nicht bezahlen.« Aber er darauf: »Das tut nichts, ich unterrichte sie umsonst.« Also habe ich Schauspielunterricht bei einem Burgschauspieler genommen. Aber dieses Glück währte nicht lange. Die Frau meines Lehrers starb, und er erschoß sich am Grab seiner Frau. Wenige Wochen nach ihrem Tod hatte ich ihn zufälligerweise auf der Kärtnerstraße in Wien an der Seite eines jungen Mädchens beobachtet. Ich schloß daraus – eilfertig und verfrüht –, daß ihn der Tod seiner Frau nicht sehr tief berührt haben konnte. Seine verzweifelte Tat öffnete mir die Augen. Seither bin ich vorsichtig geworden im Bewerten von scheinbar augenfälligen Vorgängen. Auch das war eine wichtige Lebenserfahrung für mich.

Aber wie sollte es nun mit meiner Ausbildung weitergehen? Die Hofschauspielerin schickte mich an die k. u. k. Akademie für Musik und darstellende Künste in Wien. Ich habe dort das Klärchen (die Marktszene) und Gretchen (Gebet) vorgesprochen, eine Eignungsprüfung und eine Aufnahmeprüfung abgelegt und wieder mein Sprüchlein gesagt, daß ich das Studium nicht bezahlen kann. »Das macht nichts«, hieß es. Im ersten Jahr mußte das Schulgeld bezahlt werden, im zweiten und dritten Jahr erhielt ich ein Stipendium und einen Freiplatz.

Ich habe »mit Auszeichnung« abgeschlossen.

Ich war gerade achtzehn Jahre alt, wurde nach Bielitz (in Schlesien) engagiert, spielte zuerst die Iphigenie, dann die Viola, die Rose Bernd und weitere zehn Hauptrollen in acht Monaten. Ein Jahr hielt es mich dort, dann wechselte ich nach Bukarest. Das war eine herrliche Stadt, dieses Bukarest, ein Klein-Paris. Und ich habe unendlich viel dort gespielt. Damals war gerade der aufsehenerregende Skandal um Schnitzlers *Reigen* entbrannt. Selbstverständlich brachten wir auch dieses Skandal-Stück, und ich war glücklich, darin mitwirken zu können.

Aber dann kam der Zeitpunkt, wo ich mir sagte: »Du mußt raus aus Österreich, du mußt in Deutschland Theater spielen.« Ich ließ mich für ein Jahr nach Cottbus engagieren, ging dann – vermittelt durch einen Agenten – nach Bonn, dann nach Königsberg. Zu dieser Zeit waren viele gute Schauspieler dort engagiert: Pamela Wedekind, Ruth Hellberg, Friedrich Domin, Werner Pledath, um nur einige zu nennen. Auch der Regisseur Leopold Jessner war in Königsberg tätig, und wir brachten unter seiner Regie aufsehenerregende Inszenierungen heraus.

Zwei Jahre Königsberg, dann Stuttgart, dann vier Jahre Mannheim – also, mich hielt es nirgends lange, ich wollte viele Theater, viele Kollegen, unterschiedlichste Regisseure kennenlernen – in Mannheim blieb ich – nicht zuletzt aus privaten Gründen – vier Jahre. Dort hatte ich geheiratet und meine geliebte Tochter bekommen. Vermutlich hätte es mich sogar noch länger an diesem Theater mit seinem ausgezeichneten Ensemble und seinen begabten Regisseuren gehalten, aber dann wurde ein Intendant verpflichtet, der mich künstlerisch vergewaltigen wollte. Ich wechselte deshalb über nach Berlin zu Viktor Barnowsky ans Lessingtheater. Das war 1932, kurz vor dem Machtantritt der braunen Herren. Als die dann »oben« waren, da war ich, Jüdin, als Schauspielerin nicht mehr tragbar. Ich ging von Berlin nach Wien, das ja noch nicht von den Nazis besetzt war, und führte gerade Abschlußgespräche mit einem Intendanten, als mein Mann mir schrieb, er würde eine eigene Praxis aufmachen.

Mein Mann ist Arzt gewesen und arbeitete bis 1934 als Oberarzt in Stuttgart. Mit der Eröffnung einer eigenen Praxis in Böblingen machte er sich selbständig. Er bat mich, zurückzukommen, es hätte keinen Sinn, daß wir getrennt lebten, auch könnte ich ihm dort helfen. Ich bin dann mit meiner kleinen Tochter zu ihm gereist und habe gemeinsam mit ihm in der Praxis dort gearbeitet, ihm assistiert.

Mein Mann war ein ausgezeichneter Arzt, sehr beliebt

bei seinen Patienten. Aber als der 9. November kam, die Fensterscheiben eingeworfen wurden, da hat er gesagt: »In diesem Deutschland bleibe ich nicht. Das ist nicht mein Deutschland.« Wir haben also die Praxis aufgegeben, sind nach Hamburg gefahren und dort von einem Konsulat zum anderen gelaufen, um die Ausreise ins Exil zu beantragen. Doch nichts half. Die einzige Möglichkeit – so hieß es – bestünde darin, nach Chile auszuwandern, aber »dann müssen Sie eine Bescheinigung vorlegen, daß Sie als Landwirt arbeiten (können)«. Wir haben uns daraufhin in Bayern bei einem Bekannten eine Bescheinigung besorgt. Die haben wir an entsprechender Stelle vorgelegt und die Ausreise nach Chile erhalten.

In Hamburg sind wir auf ein kleines deutsches Schiff gegangen, gemeinsam mit anderen Emigranten, die alle nach Südamerika wollten. Mein Mann hat immer wieder gemeint: »Wenn wir die Azoren passiert haben, sind wir in Sicherheit.« Einen Tag vor den Azoren kam der Kapitän zu den Passagieren und hat uns mitgeteilt, er hätte einen Geheimbefehl erhalten, darin stand: »den nächsten deutschen Hafen anlaufen.« Wir mußten wenden, das Schiff wurde umbenannt, auf Deck wurde eine dänische Flagge gehißt, und wir fuhren ohne Positionslampen, wie der »Fliegende Holländer« zurück. In Hamburg wurden wir sofort von der Gestapo in Empfang genommen. Uns wurde ein Zimmer in einem Heim zugewiesen, darin lebten wir zu dritt. Dort kochte, wusch ich, und wir mußten mit sehr, sehr wenig Geld auskommen. Meinem Mann wurde immer wieder nahegelegt, sich von mir scheiden zu lassen, dann wäre die Bahn für ihn frei. Er hat das nicht getan, einer der wenigen, die den Mut hatten, mit einer jüdischen Frau zu leben und die Konsequenzen einer solchen Verbindung zu tragen.

Eines Tages dann hat es geheißen, die Lifts (Container), die im Freihafen stünden, sollten konfisziert werden. Mein Mann sagte: »Um Gottes willen, such eine Wohnung!« Ich

Ida Ehre inszeniert eine Komödie in den Hamburger Kammerspielen – 1981

hab das versucht und mußte auf den Behörden dann immer mein Sprüchlein aufsagen: »Ich lebe in einer privilegierten Mischehe.« Schließlich fand ich eine Bleibe. Das Sonderbare aber war, daß die Besitzerin des Hauses, in das wir zogen, als Stellvertretende Frauenschaftsleiterin fungierte. (Später erfuhren wir, daß ihr Mann Freimaurer war. Das erklärte manches, denn auf meine Anfrage hatte sie spontan reagiert: »Selbstverständlich können Sie hier wohnen!« Ihres Mannes wegen, um ihn zu schützen, hatte sie die befremdliche Position eingenommen.)

Ich war dann auch eingesperrt, im Gefängnis. Nicht sehr lange. Etwa sieben bis acht Wochen. Aber wenn ich sage, nicht sehr lange, so ist das sehr relativ, denn wenn man nicht weiß, ob man morgen noch lebt, sind sieben, acht Wochen eine sehr lange Zeit. Mein Mann hat sich unglaublich für mich eingesetzt, und er hat es geschafft, mich freizubekommen. Aber die zwölf Jahre – das war schon eine schwere Zeit! In diesen zwölf Jahren war ich weder im Theater noch im Kino, ich habe keinen Rundfunk gehört, weil ich Denunziationen fürchtete ... Und doch, was zählt das alles gegen die persönlichen Verluste: Die Nazis haben mir meine Mutter genommen, eine Schwester und alle Verwandten.

Nach Kriegsende ist das Schauspielhaus in Hamburg sehr bald wieder eröffnet worden, mit *Jedermann* von Hofmannsthal in einer Kirche. Der Intendant bat mich um Mitwirkung. Ich sagte zu, aber ich war scheu, als ich wieder unter die Leute trat, wieder – endlich – auf einer Bühne stand. Doch im Theater wird ein eigenes Leben geführt. Ich kam mit vielen Menschen ins Gespräch, und sie legten mir schließlich nahe, die Leitung eines Theaters zu übernehmen. Genauso, wie ich nicht wußte, daß ich Schauspielerin bin, genauso wenig wußte ich, daß in mir Fähigkeiten zur Intendantin schlummern. Aber seit dem 10. Dezember 1945 – nun 40 Jahre – leite ich schon die Hamburger Kammerspiele. So etwas hat es in der Geschichte des Theaters noch nie gegeben. Wir »unterentwikkelten Frauen« haben etwas zuwege gebracht, was doch sonst angeblich nur Männer können.

Bis zur Währungsreform hatte ich ein grandioses Ensemble und ein Repertoire-Theater. Danach flog alles auseinander. Seit der Zeit spielen wir en suite, etwa acht Premieren im Jahr, jeden Monat eine.

In den Anfangsjahren der Kammerspiele hatte ich an

meinem Haus fest engagiert so bedeutende Schauspieler wie Hilde Krahl, Hannelore Schroth, Edda Seippel, Erwin Geschonneck, Richard Münch, Hans Quest, Hans Mahnke, H.H. Schomberg, G.Rennert, Ullrich Erfurth, inszeniert haben bei mir der Helmut Käutner, der Wolfgang Liebeneiner, der Hans Lietzau. Auch ich führe Regie. Mit Stücken, die an den Kammerspielen erst- oder uraufgeführt wurden – und wie viele waren das! –, sind wir durch die ganze Bundesrepublik und die Schweiz gereist. Wir haben die deutschen Erstaufführungen von Frischs Stücken *Chinesische Mauer* und *Als der Krieg zu Ende war* herausgebracht; Tankred Dorsts Erstling *Gesellschaft im Herbst* ist bei uns uraufgeführt worden. Stücke von Rehfisch, von Günther Weisenborn, der an meinem Theater Dramaturg war, sind hier herausgekommen, so die *Spanische Hochzeit*; erstmals in deutscher Sprache wurden Sartres *Ehrbare Dirne* (mit Hilde Krahl in der Titelrolle) und seine *Geschlossene Gesellschaft* gezeigt; Anouilhs *Ball der Diebe,* seine *Medea*, Arthur Millers *Blick von der Brücke.* Käutners Fassung des *Glas Wasser* wurde bei mir uraufgeführt; wir haben sehr früh auch schon *Der trojanische Krieg findet nicht statt* von Giraudoux vorgestellt, die *Perser* und Brechts *Mutter Courage.* Mit der *Courage* verbindet sich ein besonderes Erlebnis. Ich hatte die Rolle übernommen, ich hatte Brechts Anmerkungen und Notate studiert, ich probierte, aber ich war in Sorge, ob ich die Courage richtig, im Sinne Brechts, zeigte. Ich bin keine Schauspielerin, die vom Kopf her spielt. Ich kann nur darstellen, was ich innerlich fühle, körperlich spüre. In meiner Sorge ließ ich Brecht anrufen und ihm sagen, daß ich nicht sicher sei, ob ich seinen Intentionen entspräche. Da wurde Jhering geschickt. Der hatte sich zwei Proben angeschaut und hat gesagt: »Frau Ehre, das kann ich selbstverständlich verantworten.« Und so hab ich dann die Courage gespielt. Später habe ich die Weigel in der Rolle gesehen. Sie war ganz anders, hatte die Rolle strenger, härter angelegt als ich. Damals, bei meinem Besuch am Berliner Ensemble, habe ich auch Erwin Geschonneck wiedergetroffen, der zu der Zeit dort engagiert war. Es war ein freudiges Wiedersehen. Wir haben dann alle – viele Kollegen vom Berliner Ensemble und ich – einen sehr gemütlichen und angeregten Abend in der »Möwe« verbracht, dem Film- und Theaterclub in Berlin.

Erwähnt werden muß, glaube ich, auch noch, daß ich – bei insgesamt etwa 100 Ur- und Erstaufführungen an meinem Theater – unter anderem auch Wolfgang Borchert veranlaßt habe, *Draußen vor der Tür* als Theaterstück zu schreiben. Ich hatte das Hörspiel gehört und habe sofort gemeint: Daraus muß ein Theaterstück werden. Borchert war schon todkrank, als ich ihn aufsuchte, aber ich habe ihn überredet, das Stück zu schreiben, habe ihn, der ja nie für das Theater gearbeitet hatte, szenisch, dramaturgisch beraten. Als das Stück fertig war, ging ich damit zum alten Rowohlt und legte es ihm vor: »Das müssen Sie drucken.« Er wich aus: »Ich habe keinen Theaterverlag.« »Dann müssen Sie einen eröffnen!« Mit Borcherts *Draußen vor der Tür* wurde dann der Rowohlt-Theaterverlag gegründet.

Ich habe mich immer bemüht, wertvolle Literatur an meinem Theater vorzustellen. Aber die Menschen wollen auch atmen nach einem langen, langen Tag, den sie mühsam verbracht haben. So zeige ich in meinem Haus auch Komödien, die aber nie oberflächlich sind. Ich fühle mich dem Publikum verpflichtet.

Man hat mich – als langjährige Theaterleiterin – auch mit der Neuberin verglichen. »Moderne Neuberin«, wie viele Leute sagen. Und Gründgens nannte mich die »Alsterduse«. Das ist witzig, aber es steckt auch ein Programm dahinter oder eben eine Verpflichtung. Der möchte ich nachkommen mit Humor und Toleranz – zwei Eigenschaften, die für mich unabdingbar zum Mensch-Sein und zum Theater gehören.

Aufgezeichnet von Ingeborg Pietzsch

Wolfgang Heinz

Regie

Ich habe nie das Glück gehabt, mit Reinhardt zu arbeiten, obzwar ich als ganz junger Schauspieler – 1918/19 – ein Jahr am Deutschen Theater engagiert war. Ich habe Reinhardts Arbeit erst 1927 kennengelernt anläßlich der großen Pantomime »Mirakel«. Aber auch das war keine Regie von Anfang an. Die Hauptdarsteller waren mehr oder weniger studiert, an den jeweiligen Gastspielorten mußten immer nur die großen Massenszenen probiert werden. Und dafür war ich engagiert. Für diese Massenszenen waren bestimmte Arrangements vorgeschrieben, die ich in Budapest und Prag auf einer Guckkastenbühne einstudierte. In Wien fand das Gastspiel im Zirkus Renz statt, also in einer Arena, und es mußte neu arrangiert werden. Eines Tages inszenierte ich – nach meiner Vorstellung – die Szene, in der die Nonne als Hexe hingerichtet werden sollte. Ich probierte mit zirka 100 Darstellern, und plötzlich erschien Reinhardt, worauf ich aufhörte. Aber er sagte: »Nein, nein, machen Sie ruhig weiter«, setzte sich hin und sah zu – ungefähr zwei Stunden. Dann kam er zu mir und sagte: »Ich glaube, Sie haben das Zeug zum Regisseur.« Das hat mir ein bißchen Anregung gegeben, Jahre später – in Zürich – anzufangen, Regie zu führen.

Probenzeiten

Am Staatstheater wurden die größten Stücke in vier Wochen einstudiert. Fehling inszenierte einmal ein zeitgenössisches Stück, es handelte von einem Quacksalber, der Krankheiten mit Auflegen von Quark heilte. Es bestand aus sehr vielen Massenszenen ekstatischer Natur, und Feh-

Wolfgang Heinz als Teterew in Gorkis Kleinbürgern *am Deutschen Theater Berlin – 1957; Regie: Wolfgang Heinz/Karl Paryla*

ling wurde in den vier Wochen nicht fertig. Er probierte noch zwei Wochen länger.

Jessner sagte damals: »Das ist großartig, was der Fehling gemacht hat, aber einen Regisseur, der nicht in einem Monat ein Stück inszenieren kann, den kann sich ein Theater nicht leisten.« So war das Arbeitstempo. Das bedeutet nicht, daß nicht mit einer unerhörten Präzision gearbeitet wurde, die kleinsten Details wurden fixiert, aber die Schauspieler waren viel mehr gewohnt, die Anregungen des Regisseurs zu Hause zu erarbeiten. Man darf nicht vergessen, daß die Schauspieler damals in einem unerhörten Konkurrenzkampf standen. Es gab ein großes Angebot an Schauspielern, und wer bei Reinhardt wesentliche Rollen spielen wollte, mußte schon ein Meister seines Faches sein. Und dann waren die Konzeptionen der Regisseure – es wäre verfehlt zu glauben, daß diese Regisseure keine Konzeptionen hatten –, aber diese Konzeptionen waren doch mehr oder weniger subjektivistischer Natur, es kam nicht darauf an, ein Stück im Sinne der historischen und gesellschaftlichen Wahrheit zu inszenieren.

Umbesetzungen

Reinhardts Theater war ein Privattheater, und selbst in Krankheitsfällen durfte keine Vorstellung ausfallen. Jedes Theater hat damals danach getrachtet, einen Schauspieler zu haben, der imstande war, binnen kürzester Zeit die größten Rollen zu übernehmen. 1918 wohnte ich unglücklicherweise in der Schumannstraße. Als an den Tagen nach der Revolution noch immer geschossen wurde, konnte manchmal ein Schauspieler nicht ins Theater gelangen. So hat man mich ein paarmal knapp vor der Vorstellung geholt, und ich mußte eine Rolle übernehmen, obwohl ich nicht einmal das Stück kannte, so zum Beispiel den Verlobten der Liese Bänsch in *Michael Kramer.* Sie drückten mir das Buch in die Hand, ich las, während ich angezogen und geschminkt wurde – ich war damals 18 Jahre, und dieser Mann, den ich spielen sollte, war weit über 30 –, ich wußte dann ungefähr, was während meiner Auftritte vorging, wurde von den Kollegen auf der Bühne hin und her bugsiert, so daß ich annähernd die arrangierten Stellungen

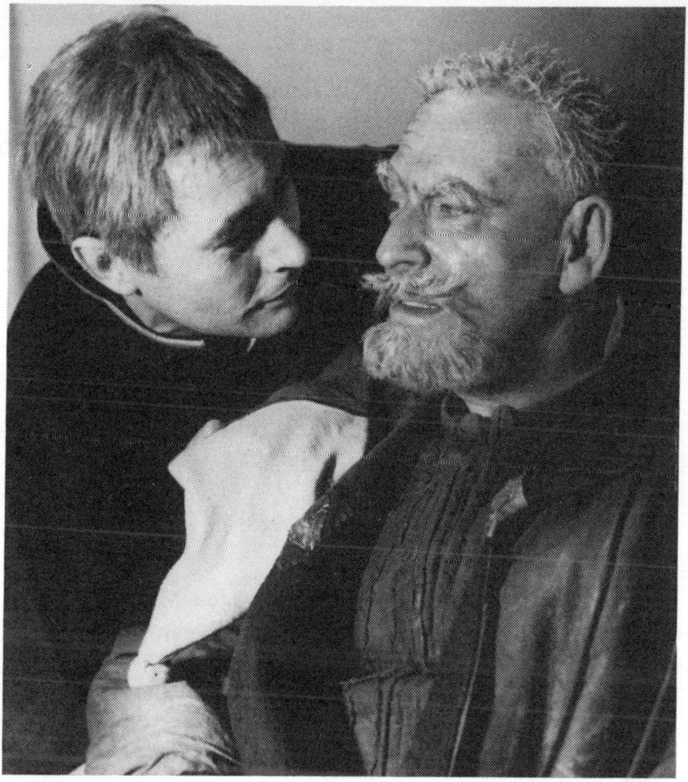

Wolfgang Heinz als König Lear in Shakespeares gleichnamigem Drama, mit Wolf-Dieter Panse als Narr; Regie: Wolfgang Langhoff – 1962

einnahm, und sagte recht und schlecht auf, was mein Gedächtnis behalten hatte, oder was mir die Souffleuse sehr laut vorflüsterte. Weil Rollen bedenkenlos umbesetzt wurden, sank natürlich das Niveau vieler Aufführungen.

Ausspielen

Im Jahre 1923 bin ich vom Staatstheater weggegangen, weil ich spürte, ich müsse mich ausspielen. Ich bekam ein Angebot von einem Theater in Hamborn. Die Kollegen vom Staatstheater hielten mich für verrückt: Hamborn bei Duisburg. Der Intendant bot mir einen Vertrag, nach dem ich vier Wochen Proben haben konnte, was damals in der Provinz eine Seltenheit war, und in dem ich zehn Hauptrollen garantiert bekam. Und da ich mich finden wollte – ich wußte nämlich nicht, wohin ich tendierte –, so erschien mir das das Gegebene. Ich habe dort unter einem sehr begabten Regisseur die divergierendsten Rollen gespielt: den Franz Moor, den Petrucchio in *Der Widerspenstigen Zähmung*, den Lehrer Gottwalt in *Hanneles Himmelfahrt*, den Golo in *Genoveva* usw. Das war für meine Entwicklung nicht unwichtig. Dann bin ich über Hagen nach Hamburg zu Ziegel an die Kammerspiele gekommen. Ab 1927 war ich wieder am Staatstheater – bis 1933.

Philosophie

Als ich jung war, konnte ich keine jungen Menschen spielen. Ich war, wenn man so sagen darf, ein sehr melancholischer und umdüsterter Mensch. Ich verstand diese Welt nicht, in die ich hineingeboren wurde. Der erste Weltkrieg war ein Schock für mich. Und nach dem Krieg sah ich so viele Ungerechtigkeiten. Kriegskrüppel mußten am Straßenrand sitzen und betteln, und fette Schieber fuhren in Equipagen oder in den Autos, die gerade aufkamen. Von der Revolution habe ich damals nicht viel verstanden, aber gefühlsmäßig war ich für diejenigen, die gegen die Uniformen kämpften. Ich war damals sehr merkwürdig: Ich bedauerte alle, die nicht Künstler waren, weil ich ein unschöpferisches Leben für ein armseliges Leben hielt. Deshalb war ich auch unglücklich, daß ich »nur« Schauspieler war. Ich beneidete die Komponisten, die Maler, die Dichter, nur sie – glaubte ich – könnten den Menschen wirklich etwas geben. Und was war der Sinn des Lebens? Wie sollte man leben? So habe ich mühsam als blutiger Laie begonnen, nachzulesen, welche Fragen die Philoso-

Wolfgang Heinz als Professor Mamlock mit Ursula Burg in Friedrich Wolfs Professor Mamlock *– 1960 in den Kammerspielen des Deutschen Theaters; Regie: Wolf-Dieter Panse*

phen im Laufe der Menschheitsgeschichte behandelt und wie sie sie beantwortet haben. Dann hatte ich das Glück, Hans Otto zu treffen, und sehr bald begann ich, mich politisch zu engagieren – in der Revolutionären Gewerkschaftsopposition und in der KPD. Langsam begriff ich, wozu Kunst und Theater überhaupt da sind. Ich begriff ihre gesellschaftliche Funktion. Am bürgerlichen Theater hatte ich natürlich keine Gelegenheit, diese Erkenntnisse anzuwenden. Aber es fanden sich immer wieder Schauspieler zusammen, die neben ihrem Engagement sich für die Darstellung politischer Stücke zur Verfügung stellten. So für *Sacco und Vanzetti*, den Epilog der *Letzten Tage der Menschheit* von Karl Kraus und anderes. Wir haben eben versucht, mit unseren spezifischen Mitteln politisch zu wirken. In Zürich war dann dieses Bemühen schon bewußter. Aber natürlich: bei sechs Proben für ein Stück waren dem Grenzen gesetzt, hatten wir nicht die Zeit, die bestmögliche Lesart herauszuarbeiten.

Atmen

Fehling war ein großartiger Regisseur, ein Besessener. Er bat mich eines Tages, ihm etwas vorzusprechen, und gab mir dann den Mollfels in Grabbes *Scherz, Satire, Ironie und tiefere Bedeutung*. Die Rolle beginnt mit einem leidenschaftlichen Monolog. Mitten darin kommt ein komplexer, aus mehreren Nebengedanken bestehender Gedanke vor, und Fehling schrie immer von unten herauf: »Du darfst in dem Satz nicht atmen!« Ich habe wie ein Verrückter daran gearbeitet, diesen Satz in einem Atem zu sprechen. Aber bis zur Premiere hat er immer wieder raufgerufen: »Schon wieder geatmet!« Ich war verzweifelt. In weiteren Aufführungen gelang es mir manchmal, den Satz in einem Atem zu sprechen. Aber nicht immer. Bei der ungefähr zwanzigsten Aufführung kam Fehling in meine Garderobe und sagte: »Sehr gut. Aber da hast du schon wieder geatmet.«

Wolfgang Heinz als Nathan in Lessings Nathan der Weise *mit Christine Schorn – 1966 am Deutschen Theater Berlin; Regie: Friedo Solter*

Darauf ich: »Zu Haus gelingt es mir, aber auf der Bühne – ich bemühe mich wirklich und arbeite dran – schaff ich's nicht.« Sagte er: »Ja, mein Lieber, das sind 20 000 Mark Gagendifferenz im Jahr.« Jahre später begriff ich, welcher tiefe Sinn in dieser Bemerkung lag. Der Mensch denkt einen Gedanken, und automatisch nimmt er nur so viel Luft zu sich, wie er braucht, um diesen Gedanken auszusprechen. Und nicht nur das: auch das Tempo des Ausatmens richtet sich nach der Aufgabe, die das Zentralnervensystem dem Atmungsapparat stellt. Damals vermochte ich noch nicht, in großen Komplexen zu denken, und es gelang mir deshalb nicht, den Atmungsapparat entsprechend funktionieren zu lassen.

Der Expressionismus stellte hohe Anforderungen an das technische Können der Schauspieler. Deshalb sind viele zu einem damals populären Sprechmeister gegangen, der sehr viel Geld verlangt hat. Ich hatte von Sprechtechnik nie etwas erfahren, weil ich keine Schauspielschule besucht habe, und in meiner expressionistischen Ekstase schrie ich mich oft heiser. Da habe ich Kollegen gefragt, was für Übungen ihnen der Sprechmeister gab. Die habe ich gemacht. Aber das hat nicht viel genützt. Da ich dann in Zürich sehr viele Rollen spielen mußte, zumeist große Rollen, konnte ich nicht immer die Anforderungen bewältigen. Also mußte ich herausfinden, wie man seinen Sprechapparat beherrscht. In Zürich konnte mir niemand helfen. Also habe ich mir das Buch eines bekannten Wiener Laryngologen verschafft »Die Anatomie und Physiologie der Sprech-

Wolfgang Heinz als Galilei in Bertolt Brechts Leben des Galilei *am Berliner Ensemble – mit Victor Deiß als Kleiner Mönch – 1971; Regie: Fritz Bennewitz*

werkzeuge«. Damals habe ich das mehr intuitiv gemacht. Heute weiß ich, daß es keinen Bereich in der Natur gibt, den man nicht halbwegs beherrschen lernen kann, wenn man die ihm immanenten Gesetzmäßigkeiten kennt. Langsam begriff ich, wie die einzelnen Funktionen zusammenhängen. Und ich bin darauf gekommen, daß man alle diese Funktionen nicht vom Willen, sondern von der Vorstellungskraft abhängig machen muß. Ich habe mir dann bestimmte Elementarübungen gegeben und praktiziert. So lernte ich mit der Zeit meinen Stimm- und Sprechapparat beherrschen.

Ausdrucksmittel

»Die Nachwelt flicht dem Mimen keine Kränze« – das ist nicht so wichtig. Aber daß seine Leistungen vergänglich sind, ist bedauerlich, weil man aus ihnen lernen könnte. Von Bassermann zum Beispiel könnte man lernen, mit äußerst differenzierten Zwischentönen den psychischen Inhalten konkreten Ausdruck zu verleihen. Seine gebrochene Stimme – wie es hieß, die Folge einer Erkältung – kam ihm dabei entgegen. Werner Krauss dagegen sprach beinahe monoton, bei ihm dominierte der körperliche Ausdruck. Er hat einmal den Shylock gespielt. So etwas von niederträchtigem Antisemitismus kann man sich nicht vorstellen. Aber schauspielerisch war er faszinierend. Ein kleines Jüdele mit rotem Bart. In der Szene, wo er durch Mitteilungen des Tubal bruchartig von Heiß in Kalt geworfen wird, in die Ekstase der Verzweiflung über die Verschwendungssucht seiner Tochter und in die Ekstase der Glückseligkeit über Antonios Einbußen auf dem Meer, drückte er diese widersprüchlichen Haltungen mittels folkloristischer Tanzbewegungen der Juden aus. Es war grotesk und doch hinreißend real. Er konnte auch mager und fett aussehen nur mittels der körperlichen Haltung, durch die Art, wie er sich bewegte. Schon an diesen beiden extremen Schauspielern könnte man den Gebrauch verschiedener Ausdrucksmittel studieren.

Konzeption

Das Neue Theater in der Scala in Wien haben wir als Sozietät begonnen. Fünf Schauspieler waren wir in der Leitung. Jeder war für einen bestimmten Bereich verantwortlich. Einschließlich der Leitung waren wir gegen 25 Schauspieler. Das Theater hatte bald einen so guten Ruf, daß junge begabte Schauspieler – trotz der minimalen Gagen – sich bemühten, an die Scala zu kommen.

Den Spielplan haben wir gemeinsam hergestellt. Dramaturgen konnten wir uns nicht leisten. Die erste Inszenierung war Simonows *Die russische Frage.* Dann spielten wir sozialkritische Stücke aus den USA. Auch *Die Feinde* und *Die Kleinbürger* von Gorki, und Nestroy. Selbstverständlich haben wir Nestroys Couplets politische Strophen angefügt, und sehr bald wurden wir von den bürgerlichen Blättern totgeschwiegen.

Wir haben eine Publikumsorganisation aufgezogen, die »Theaterfreunde«. In Hinterzimmern von Caféhäusern, in den einzelnen Bezirken Wiens, veranstalteten wir Gespräche mit dem Publikum. Am Anfang erschienen zehn, zwölf Interessenten, aber wir erreichten mit der Zeit, daß 80 bis 100 zu solchen Zusammenkünften kamen.

In Wien haben wir auch begonnen, Regiekonzeptionen im sozialistisch-realistischen Sinne zu entwickeln, natürlich nicht mit der Konsequenz wie später in Berlin.

Aufgezeichnet von Renate Waack

Martin Held

Geboren bin ich am 11. 11. 1908 in Berlin. Mein Vater arbeitete als Werkmeister in einer gar nicht einmal kleinen Fabrik am Bahnhof Wedding. Das ist also meine Ur-Heimat. Heute fahre ich noch ab und an zum Wedding; mein Vaterhaus steht zwar nicht mehr, aber die Kneipe, wo ich Bier für meinen Vater holen ging, die existiert noch.

Der Vater meines Vaters war Porzellanmaler in der Berliner Porzellanmanufaktur gewesen – vielleicht die einzige Verbindung zur Kunst, die es von meinen Vorfahren her gab, alle anderen waren Handwerker; mütterlicherseits alles Sattler. Auch meine beiden Brüder haben keine künstlerischen Ambitionen gezeigt: der eine wurde Lehrer, später Schulrat in Berlin, der andere absolvierte eine Schlosserlehre, besuchte anschließend eine technische Schule und wurde Ingenieur. Da mein Vater leidenschaftlich, ja mit Leib und Seele Techniker war, wollte er gern, daß ich's auch werde. Mit einer relativ guten Prüfung glückte es mir, bei Siemens Fuß zu fassen. Ich habe dort treu und brav meine vier Jahre gelernt, habe diese Lehre auch beendet, war aber die ganzen Jahre ziemlich unglücklich. Denn wenn man als junger Mensch angefangen hat, vom Theater zu träumen, gibt's schließlich kein Halten mehr. Und schon als Vierzehn-, Fünfzehnjähriger genoß ich die große Zeit des Berliner Theaters in vollen Zügen.

Eigentlich ist meine künstlerische Heimat das Schiffbauerdamm-Theater, das Deutsche Theater, die Volksbühne – da habe ich viele Aufführungen gesehen. Nur ab und zu besuchte ich auch das Theater am Gendarmenmarkt, obwohl ich später gerade an diesem Haus viel Glück hatte. Aber wie konnte ich das wissen?

Ich begann dann selbst mit dem Theaterspiel als Laie in einer Laienspielgruppe, die sich »Dramatischer Verein des Helferkreises der Osterkirchengemeinde Berlin« nannte. Ich habe eine Menge Rollen gespielt, und eines Tages faßte ich mir ein Herz und fuhr zum Theater am Gendarmenmarkt. Ich fragte den Pförtner: »Gibt es hier eine Ausbildung für Schauspieler? Gibt es eine Schauspielschule?« Der Pförtner wies auf einen Herrn: »Fragen Sie mal den Herrn, der dort am Schwarzen Brett steht!« Ich sprach ihn an; es war niemand anders als der Generalintendant der Berliner Staatstheater und der Leiter der Staatlichen Schauspielschule, Professor Leopold Jessner.

Eine meiner Lebenserfahrungen besagt, daß mir immer die richtigen Leute im richtigen Augenblick begegnet sind. Das bewahrheitete sich auch hier. Nur damals wußte ich zunächst nicht, daß ich Jessner angesprochen hatte. Der nahm sich Zeit für mich, lief mit mir eineinhalb Stunden um den Gendarmenmarkt und fragte mich nach vielen Dingen. So wollte er wissen, was ich lese, was ich gelesen hatte, und ob ich Sprachkenntnisse besitze, aber ihn interessierte auch, was in der Kantine bei Siemens ein Brathering kostet. Dann stellte er die entscheidende Frage, wie ich denn aus dem technischen Beruf herauskommen und den Weg zum Theater nehmen wolle. Ich erzählte ihm, daß ich in einem Theaterverein mitwirke, und holte eine Liste mit den Rollen heraus, die ich gespielt hatte. Diese Liste war beträchtlich lang. Jessner lachte sehr und fragte: »Warum wollen Sie dann noch auf die Schule?« Ich erklärte ihm, daß Schauspieler zu werden mein größter und innigster Wunsch sei. Jessner hatte Interesse an mir gefunden; zum Schluß sagte er: »Also in vier Wochen ist an der Hochschule für Musik und Darstellende Kunst in Berlin eine Aufnahmeprüfung für die Schauspielschule. Gehen Sie in den nächsten Tagen zu der Schule hin und melden sich im Büro an. Sagen Sie einen schönen Gruß von Herrn Professor Leopold Jessner!«

Martin Held als Leicester in Schillers Maria Stuart *mit Joana Maria Gorvin – 1953 am Schiller-Theater; Regie: Jürgen Fehling*

Martin Held als Holofernes in Judith *von Friedrich Hebbel mit Lieselotte Rau – 1963 am Schiller-Theater; Regie: Willi Schmidt*

Im Spätsommer 1929 sprach ich dann einer Prüfungskommission vor, der unter anderen Lucie Höflich, Walter Franck, Leopold Jessner und Lothar Müthel angehörten. Ich hatte mir drei Rollen zum Vorsprechen ausgesucht: den siebzehnjährigen Moritz Stiefel aus Wedekinds *Früh-*

lings Erwachen, den etwa vierzig Jahre alten Satin aus Gorkis *Nachtasyl* und den greisenhaften Polonius aus Shakespeares *Hamlet.* Ich begann mit dem Moritz Stiefel ... Ich hatte die Nummer 185 bei der Prüfung, und nur fünfzehn Schüler sollten angenommen werden. Ich war furchtbar aufgeregt beim Vorsprechen, und nach zwei Minuten blieb ich hängen. Hoffnungslos. Jessner erkannte meine Situation, schickte mich in ein der Schule gegenüberliegendes Café, wo ich einen Tee trank, dann durfte ich noch einmal kommen und von neuem beginnen. Diesmal ging alles gut, und ich hatte die Prüfung bestanden. Was aber das Lampenfieber betrifft: darunter leide ich heute noch. Das kann produktiv sein, einen stimulieren, das kann einem aber auch ganz schön zu schaffen machen. Am stärksten natürlich bei Premieren, vor allem deshalb, weil man ja nicht weiß, wie etwas »ankommt«.

Aber zurück zur Schauspielschule. Zwei Jahre studierte ich dort. Es war eine wunderbare Zeit! Ich hatte ja vorher bei Siemens zwar ordentlich, aber doch mit Unlust gearbeitet. Und wie gearbeitet! Acht Stunden im Betrieb, dann noch Abendschule und Theaterverein. Es ist unglaublich, was man in dem Alter alles imstande ist zu leisten! Anstrengend war es natürlich auch sehr. Außerdem hab' ich sehr gelitten bei Siemens, aber bereut habe ich nie, zunächst praktisch gearbeitet zu haben. Ich bin mit sehr vielen verschiedenen Menschen aus unterschiedlichsten sozialen Schichten in Berührung gekommen, ich habe die Wirklichkeit kennengelernt, die Härte des Lebens, von der viele auf der Schauspielschule, die unmittelbar vom Abitur, ohne eigentliche Realitätserfahrung, dorthin kamen, keine Ahnung hatten. Insofern war ich in mancher Hinsicht im Vorteil ...

Die bestandene Schauspielprüfung gehört übrigens zu den ganz großen, unvorstellbaren Glücksmomenten in meinem Leben. Und die Zeit, die darauf folgte, die Zeit des Lernens und Entdeckens, war – wie gesagt – ebenfalls wunderbar. Zum Ende des Studiums verabschiedete sich Jessner von mir mit den Worten: »In fünf Jahren – auf Wiedersehen in Berlin.« Aber daraus wurde nichts mehr, er mußte emigrieren und ging nach Hollywood.

Für mich, der 1931 im Berufsleben war, war das eine sehr unglückliche Start-Situation. Die Theater in der sogenannten Provinz wurden zum großen Teil zusammengelegt, plötzlich existierten also bestimmte Häuser gar nicht mehr ... Dank Jessner hatte ich ein Vertragsangebot an der Volksbühne Berlin, aber als der Direktor einer Wanderbühne mich fragte: »Was wollen Sie an der Volksbühne? Sie spielen da doch nichts!« und mir drei Hauptrollen versprach, ließ ich mich überreden und an die Wanderbühne engagieren. Die war in Königsberg. Die drei versprochenen Rollen durfte ich tatsächlich spielen, und zwar in Oskar Wildes *Mustergatte*, in *Der Graue*, eine zeitgenössische, längst vergessene Komödie, und in Molières *Herr von Pourceaugnac.* Unser Theater schloß sich dann mit dem Theater in Tilsit zusammen bzw. wir übernahmen es. Aber das Ensemble war viel zu klein, und so spielten wir auf Teufel komm raus alle acht Tage eine neue Premiere. Ich kam um einige Pfunde leichter nach Hause, aber die Zeit, also dieses viele Spielen-Müssen, Spielen-Dürfen, ist, gerade für einen Anfänger, außerordentlich fruchtbar.

Ich habe dann noch an einigen Provinztheatern gespielt, in Elbing, in Bremerhaven. Dann kam Darmstadt, wo ich fünf Jahre engagiert war.

1937, also zu der Zeit, als ich in Darmstadt am Theater spielte, erhielt ich ein erstes Angebot von Heinz Hilpert, dem damaligen Intendanten des Deutschen Theaters Berlin. Aber ich fühlte mich damals am Darmstädter Theater in den Händen eines politisch so integren und sauberen Mannes – das war der Intendant Hans Meißner – so wohl, außerdem war ich dort der ungekrönte König und mußte nicht befürchten, gezogen zu werden – kurz und gut, ich schlug Hilperts Angebot aus.

Martin Held als Schauspieler in Rosenkranz und Güldenstern *von Thomas Stoppard – 1967 am Schiller-Theater; Regie: Hans Lietzau*

Das Darmstädter Theater war übrigens damals so eine Art »Sprungbrett« für Schauspieler, und tatsächlich gelang es mir, von dort aus nach Frankfurt am Main engagiert zu werden. Da bin ich dann aber doch noch gezogen worden, war eineinhalb Jahre Soldat und geriet schließlich in amerikanische Gefangenschaft (in der Normandie). Als ich dann entlassen wurde, ging ich erst einmal zurück nach Frankfurt.

1951 hatte ich schon einen Vertrag mit München abgeschlossen, da erreichte mich ein Anruf von Boleslaw Barlog, dem damaligen Intendanten der Staatlichen Schauspielbühne Berlin. Barlog fragte mich: »Was wollen Sie denn in München? Kommen Sie doch nach Hause!« Dieses »nach Hause« hat mich umgeworfen, ich nahm Barlogs Angebot an und ging ans Berliner Schiller-Theater. Es war die richtige Entscheidung. Ich war viel zu sehr überzeugter Berliner, um Berlin nicht München vorzuziehen.

Allerdings war der Beginn meiner Laufbahn am Schiller-Theater nicht sonderlich glücklich. Ich spielte den Grafen Almaviva in Beaumarchais' *Tollem Tag* und hatte wenig Erfolg. Aber dann ging es Schlag auf Schlag. Es kam der Wehrhahn (neben Käthe Dorsch) in Hauptmanns *Biberpelz*; es folgten der Leicester in Schillers *Maria Stuart* unter der Regie von Jürgen Fehling – das war 1952, den Mephisto in Goethes *Faust* durfte ich spielen, den Lumpensammler in Giraudoux' *Irren von Chaillot* (neben Hermine Körner), viele Shakespeare-Rollen: Jaques in *Wie es euch gefällt*, unter der Regie von Barlog, Ulysses in *Troilus und Cressida*, Malvolio in *Was ihr wollt*, Claudius in *Hamlet*, Prospero in *Sturm*, Falstaff in *König Heinrich der Vierte*. Später kamen die deutschsprachigen Erstaufführungen von Jean Anouilh dazu, angefangen mit *Herr Ornifle* bis hin zu *Walzer der Toreros*. Die folgenden fünfzehn bis zwanzig Jahre, die ich seit 1951 am Schiller-Theater verbrachte, hab' ich mich dumm und dämlich gespielt. Und mit wieviel bedeutenden Regisseuren habe ich zusammengearbeitet! Mit

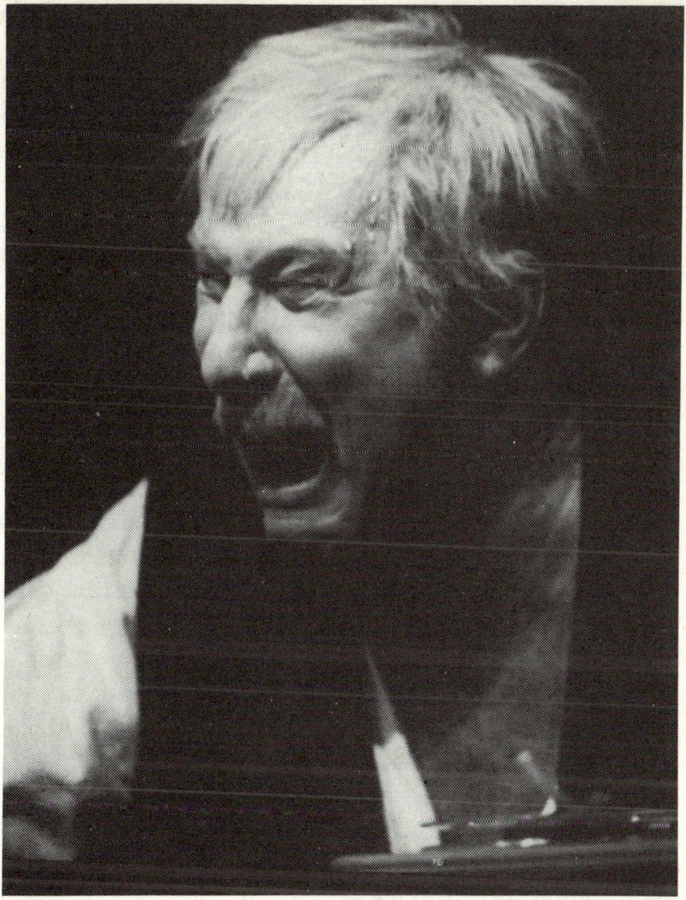

Martin Held in Samuel Becketts Das letzte Band *– 1974 am Schiller-Theater; Regie: Beckett*

Fehling, Kortner, Noelte, Stroux, Barlog, Hilpert, Willi Schmidt, Lietzau und Steinböck. Mit Kortner, mit dem mich eine echte Freundschaft verband, habe ich viele Inszenierungen zusammengemacht. Er war kein einfacher Herr und Regisseur. Aber die Arbeit mit ihm ist mir leichtgefallen, weil ich viel von dem profitieren konnte, was ich bei Jessner gelernt hatte (auf der Schauspielschule hatte ich als Anfänger schon kleine Rollen unter Jessner gespielt). Kortner bestritt natürlich, von Jessner gelernt zu haben, aber das stimmte einfach nicht; selbstverständlich war er von ihm geprägt. Wie ich – neben Kortner – vor allem von Heinz Hilpert, dem ich unendlich viel verdanke. Übrigens – um das noch anzumerken – ging nicht ich zu Hilpert, sondern er kam zu mir: er wurde Direktor am Frankfurter Theater, und es folgten sehr fruchtbare Arbeitsjahre. Auch mit Lietzau – dann allerdings in Berlin – habe ich fünfzehn Jahre großartig zusammengearbeitet. Wir haben uns ausgezeichnet verstanden.

Das alles liegt nun schon weit zurück … Da läßt sich doch gar nicht vermeiden, daß man mehr in der Vergangenheit lebt als in der Zukunft. Alles ist zur Zeit so nebulös … Wenn man als junger Mensch mit wachen Sinnen so großartiges Theater gesehen hat wie ich – Inszenierungen von Reinhardt, Jessner, Piscator, Karl Heinz Martin, dazu diese Fülle von hervorragenden Schauspielern wie Werner Krauss, Eugen Klöpfer, Heinrich George, Horst Caspar – ja, da denkt man mit Wehmut an die Vergangenheit.

Und natürlich fallen einem da auch so viele Rollen ein, die man leidenschaftlich gern gespielt hat und an denen mein Herz hängt: der Prospero im *Sturm*, der Galilei von Brecht, wobei ich mit dieser Rolle zunächst gar nicht so glücklich war, erst bei einem Gastspiel in Bochum wurde sie für mich zur Erfüllung.

Während meines Berlin-Engagements gastierte ich übrigens zweimal auch in München; im Prinzip bin ich jedoch »häuslich«, ich habe nicht allzuviel gastiert und auch relativ wenige Gastspielreisen unternommen. Also: München, Kammerspiele. Einmal als Gast im *Puntila* von Brecht (August Everding führte Regie, sein Assistent war Peter Stein) und zum anderen ein nicht sehr glückliches, also wenig gelungenes Stück von Kortner selbst: *Die Zwiesprache*. Aber der Eindruck verblaßt vor all den fabelhaften Aufführun-

Martin Held in dem Film Pfingstausflug *– mit Elisabeth Bergner; Regie: Michael Günther – 1979*

gen, die Kortner herausbrachte. Meine schönste Arbeit mit ihm war vielleicht sein *Hamlet*, wo ich den König darstellte, und die – für mein Gefühl – beste Inszenierung von Kortner war *Andorra* von Max Frisch – ich spielte den Vater und der unvergessene Klaus Kammer den Andri.

Eine unendlich gute Aufführung war *Das letzte Band* von Beckett, auch von ihm selbst inszeniert. Sie lief etwa zweihundertmal, über viele Jahre hinweg, ich gastierte damit in verschiedenen europäischen Städten, und besonders in London erntete die Aufführung stürmischen Applaus.

Sehr bedauert habe ich immer, daß mir der Film – von wenigen Ausnahmen abgesehen – keine wirklichen Aufgaben gestellt und mir nicht sehr viele künstlerische Erlebnisse gebracht hat. Wenig ist erwähnenswert. Zwei Filme unter Alfred Weidemann allenfalls, der mich für die Leinwand entdeckt hat. Ein paar Filme mit Wolfgang Staudte – für *Rosen für den Staatsanwalt* erhielten wir denn auch in Karlovy Vary einen Preis – und *Der Hauptmann von Köpenick* – unter Helmut Käutner. Über alles andere lohnt es nicht zu berichten. Der westdeutsche Film der fünfziger Jahre war doch sehr läppisch.

Später folgten einige gute wichtige Fernsehspiele und -filme, wie *Pfingstausflug* mit Elisabeth Bergner oder die Arbeiten mit dem Regisseur Peter Beauvais, zum Beispiel *Michael Kramer* von Hauptmann, *Gespenster* von Ibsen oder *Walzer der Toreros* von Jean Anouilh.

Daß der Film mir nicht mehr zu bieten hatte, bedauere ich wirklich. Trotzdem ist mein eigentliches Zentrum immer das Theater geblieben. In den letzten Jahren habe ich allerdings – auf eigene Bitte hin – je Spielzeit nur noch eine Rolle übernommen. Zuletzt den Nikolaj Michailowitsch Tschmutin in *Einmal Moskau und zurück* von Alexander Galin. Das Stück ist ein Renner, und ich habe die schöne Rolle eines alten Mannes, den seine Kinder noch einmal unter die Haube bringen wollen, schon viele, viele Male gespielt. Aber Routine gibt es bei mir nicht. Jede Aufführung ist für mich eine Art Premiere.

Aufgezeichnet von Ingeborg Pietzsch

Werner Hinz

Ich halte mich für einen Berliner. Vor allem deswegen, weil der Ort, in dem ich geboren wurde – Lankwitz/Kreis Teltow –, Jahre später Berlin eingemeindet wurde. Ich bin das dritte Kind einer bürgerlichen Familie; musische Interessen gab es zu Hause bei uns nicht. Mein Großvater war Eisenbahnbetriebssekretär und ein sogenannter Zwölfender, das heißt, er hatte zwölf Jahre beim Militär gedient, um schließlich eine kleine Beamtenstelle zu erhalten. Auch mein Vater war Angestellter und stammte – wie die ganze Familie Hinz – aus der Bromberger Gegend.

Ich war ein zerstreuter, fast kann man sagen, fauler Schüler. Am liebsten verbrachte ich meine Freizeit im Kintopp oder mit kleinen Mädchen. Ich hab' früh poussiert, zwar harmlos, aber immerhin ... In der Schule habe ich mich nie produziert. Ich habe keine Gedichte aufgesagt, nichts. Aber in der Herbstdämmerung – da vor allem – habe ich Phantasiespiele entwickelt.

Für ein paar Groschen ging ich ins Flohkino, sah Detektivgeschichten mit Max Landa und Stuart Webbs, Serien von Krimis, die ersten, die es überhaupt in Deutschland gab. Auch die ersten Filme mit Paul Wegener, dem ich dann viel später begegnen sollte und mit dem mich in den letzten Jahren seines Lebens eine feste Freundschaft verband – er war ein wunderbarer Mensch!

Die erste Vorschulklasse besuchte ich in Berlin-Pankow. Wir wohnten in der Nähe der Kastanienallee. Nicht weit von unserer Wohnung gab es eine Kiesgrube. Sand, hohes Kraut. Ein Paradies für Kinder. Nach der ersten Religionsstunde raste ich nach Hause, warf die Mappe in die Ecke und jagte zu der Grube: Ich wollte einen Menschen formen – der »Schöpfungstrieb«, der Nachahmungstrieb brach durch. Er zeigte sich ja auch schon im Weiterspielen der Filme, die ich im Kino gesehen hatte ... Das einzige Mal, daß ich in der Schule positiv auffiel, war, als die Literatur in unser Schülerdasein trat. Ich las Episches, las klassische Rollen ... Ein Lehrer äußerte über mich: »Der müßte Schauspieler werden.« Das fiel tief; dann gab's überhaupt nichts anderes mehr. Alles, was ich einmal gewollt hatte – Berufswünsche, Vorstellungen –, wurden beiseitegeschoben. Ich wußte: Es gibt nur einen Beruf für mich – Schauspieler.

Vom Theater muß man besessen sein, es darf nichts anderes daneben existieren. Wobei – das ist unausbleiblich – nur wenige tatsächlich Großes erreichen. Aber ein wirklich gutes Theater zeichnet sich immer auch durch glänzende Chargenspieler aus, und ein guter Chargenspieler zu sein, ist schon eine bewundernswerte und anerkennenswürdige Leistung.

Ich war sehr jung, als ich die Schule verließ. Ich ging mit dem »Einjährigen« ab. Mein Vater fiel aus allen Wolken, als er von meinem Berufswunsch hörte, aber er war nicht abgeneigt. Allerdings schlug er mir vor: »Lern doch erst mal einen praktischen Beruf. Dann hast du was in der Hinterhand, wenn die Schauspielerei schief geht.« Ich beugte mich dem Vorschlag meines Vaters und begann in einer Handelsfirma zu arbeiten. Das erste, was ich zu erledigen hatte, war, in der Registratur Post abzulegen. Eine stumpfsinnige Arbeit; nach sechs Wochen gab ich auf. »Stubenhockerarbeit ist nichts für mich«, sagte ich zu meinem Vater. »Wie wär's denn mit der Landwirtschaft?« fragte er zurück. Also gut. Ich wurde nach Pommern geschickt, auf ein Gut. Eine eigenartige Landschaft: viel Seen, viel Hügel, viel Wald. Schwieriges Land; ich habe mich abgemüht mit dem Pflügen. Aber ich genoß auch die Natur, ihre Schönheiten und – nicht zuletzt hatte ich meine Reclambücher bei mir – las Stücke (ich sah die

Werner Hinz in Marquis von Keith *von Frank Wedekind – 1947 am Deutschen Theater Berlin; Regie: Gustaf Gründgens, der auch die Titelrolle spielte*

ganze Sache mit der Landwirtschaft sowieso nur als einen Umweg an). Doch dann verkrachte ich mich furchtbar mit dem Vorknecht, der auf so einem Gut gewissermaßen die Stellung eines Regimentsfeldwebels hatte. Also bin ich wieder abgehauen.

Das Rastlose, das Herumwandern und Zigeunerhafte lag unserer Familie im Blut. Wir zogen dauernd um ... war es da ein Wunder, daß auch ich nicht zur Ruhe kam? Ich erinnere mich: An jenem Abend, als ich (von Pommern) heimkehrte, platzte ich in eine Gesellschaft rein, geladene Gäste, die bei uns musizierten. Für mich war es ein Glück, daß viele Menschen da waren. So mußte ich nicht gleich Rede und Antwort stehen, aber mein Vater war natürlich sehr erstaunt, mich so plötzlich zu erblicken. »Na gut«, sagte er, als ich ihm dann später den Vorfall erzählt hatte, »dann wirst du dich um eine neue Elevenstelle bemühen.« Aber ich dachte: Genug. Jetzt gehe ich zum Theater.

Aber wie? Ich fühlte genau, daß ich begabt war, aber ich mußte Umwege gehen ... Im Haus eines Bekannten, der wiederum mit einer Reinhardt-Schauspielerin bekannt war, wurde das erste Vorsprechen veranstaltet. Im abgedunkelten Zimmer habe ich die *Egmont*-Monologe gesprochen. Und Rilkes *Cornet* gelesen. Ich wurde weiterempfohlen, wiederholte das Ganze bei der Reinhardt-Schauspielerin Maria Kroner, und nachdem ich ihren Hinweis befolgt hatte – »Ich möchte noch mal etwas anderes von Ihnen hören. Lernen Sie doch mal den Boten aus der *Orestie* und kommen Sie nächste Woche wieder!« –, fiel bei der zweiten Begegnung der entscheidende Satz: »Ich rate immer ab, zum Theater zu gehen. Ihnen kann ich nicht abraten. Sie müssen zum Theater!« Sie empfahl mich dann an die Max-Reinhardt-Schule, ich wurde aufgenommen und empfand ein nie gekanntes Glücksgefühl!

Mein Vater war großartig. Er sagte: »Du mußt tun, wozu du geschaffen bist.« Das war fabelhaft von ihm, weil er ja blechen mußte, denn die Schule war teuer.

Ich habe dort sehr viel gelernt, vor allem bei meinen verehrten Lehrern Professor Ferdinand Gregori und Professor Bernhard Held. Das war in den Jahren 1920 bis 1922.

Als nachrevolutionärer Gewinn existierte an der Schule ein Schülerrat. Einige Vertreter dieses Schülerrates baten Professor Held, uns doch auch mal mit einem jungen Lehrer arbeiten zu lassen. Wir suchten Kameradschaft, Gedankenaustausch mit einem Theatermann der jüngeren Generation. Der damals sechsundzwanzigjährige Hans Schweikart wurde an die Schule engagiert. Er war wie ein älterer Bruder zu uns, autoritär, aber sehr kameradschaftlich.

Ich fiel auf durch Widersetzlichkeit und Undiszipliniertheit. Um ein Haar hätte man mich der Schule verwiesen, aber man tat es nicht wegen des möglichen Geredes. Eine schwierige Phase für mich, doch insgesamt war es eine herrliche Zeit. Wir bewunderten die großen Schauspieler, sahen Brecht und Erich Engel im Hof des Deutschen Theaters miteinander diskutieren, diskutierten selbst, stritten uns, lernten.

Das Deutsche Theater hatte übrigens das Vorrecht, aus jedem Jahrgang zwei Schüler für sich zu beanspruchen, also zu engagieren. Ich wurde engagiert. Meine erste Rolle war der Melchior Gabler in Wedekinds *Frühlings Erwachen.* Das war natürlich eine tolle Sache! Und dann hatte ich insofern Glück, als ich unerwartet und auch nicht dafür vorgesehen, den Hans in Max Halbes *Jugend* für Hans Brausewetter spielen durfte (Brausewetter hatte sich die Rolle zwar gewünscht, bekam aber plötzlich ein Filmangebot und das war ihm dann doch lieber). Allerdings habe ich in dieser Rolle, die ich unter Max Gülstorffs Regie spielte, auch die ersten Peinlichkeiten und Pleiten, die einem Schauspieler auf der Bühne widerfahren können, erlebt. Als ich mich nämlich über Annchens Leiche beugte, platzte mir auf einmal die Hose; und zuvor hatte ich schon – krümeligen Leibnitzkeks essend (was inszeniert war) – schreckliche Hustenanfälle bekommen. Ich mußte die Szene regelrecht üben.

Klub-Leute hieß ein Stück, in dem ich mitwirkte und das im Sommer, wenn Reinhardt sein Theater für drei Monate verpachtete, gespielt wurde. Und dann war ich noch ein Piccolo – an der Seite von Gülstorff – in Goldonis *Caféhaus*, eine Aufführung, die in Berlin – ich weiß nicht warum – durchfiel, die aber in Hamburg bei Erich Ziegler

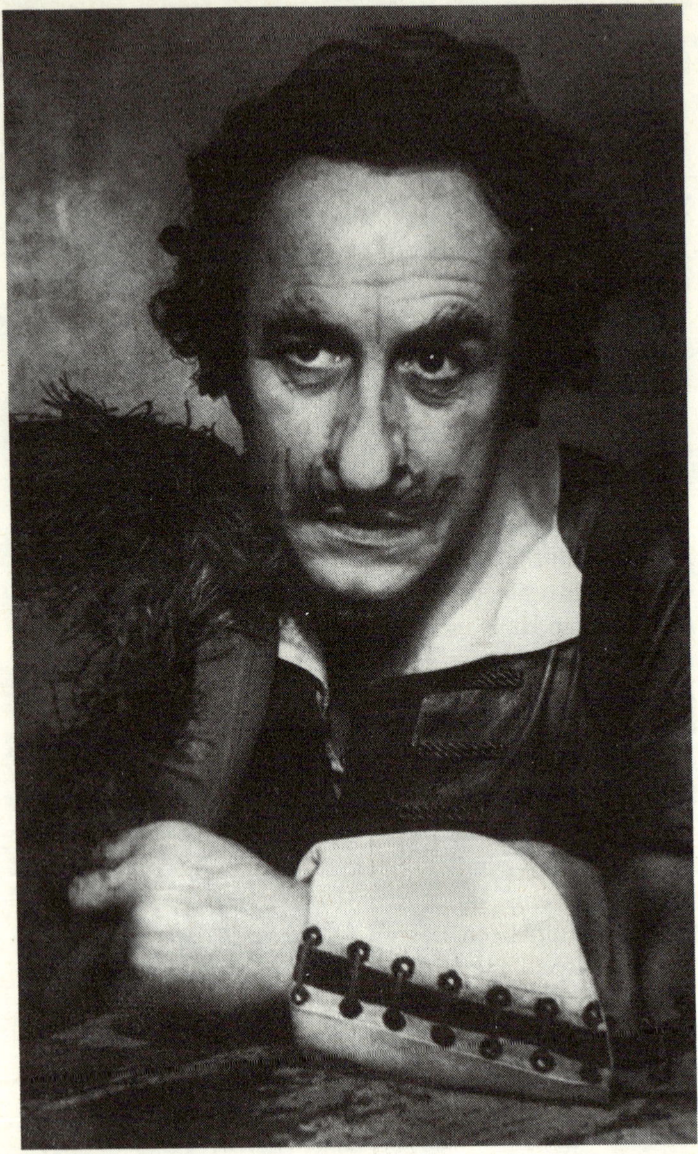

Werner Hinz als Cyrano in Cyrano de Bergerac *von Edmond Rostand; Deutsches Theater Berlin – 1950; Regie: Ernst Legal*

ein Saisonschlager gewesen war. Das waren meine ersten Erfahrungen, meine Anfängerjahre.

Vom Deutschen Theater ging ich dann weg, zu Ziegler nach Hamburg. Das erste Stück, in dem ich dort mitwirkte, hieß *Kolportage.* Am Tag der Premiere besoff ich mich entsetzlich, outrierte wahnsinnig und stellte so die ganze Inszenierung in Frage. Ich bekam die verheerendsten Kritiken meines Lebens, und dieser Zwischenfall kostete mich mein Engagement. Ich habe mich in der zweiten Spielzeithälfte zwar rehabilitiert, aber das nutzte nicht viel: Ich tat einen tiefen Fall nach Wilhelmshaven ans Theater. Das war eine bessere Schmiere, jede Woche eine Premiere. Allerdings lernte ich in Wilhelmshaven Hedda Zinner und Fritz Erpenbeck kennen. Hedda Zinner war dort als Salondame engagiert; Erpenbeck als Väterspieler. Der Direktor überredete ihn allerdings später, die Dramaturgie zu übernehmen; dann fiel der Oberspielleiter aus, und Erpenbeck übernahm dessen Position. Er war mein Regisseur, aber er wurde mir mehr – ein väterlicher Freund und Ratgeber.

Von Wilhelmshaven aus ging ich für zwei Spielzeiten nach Oldenburg. Die Jahre dort waren für mich außerordentlich wichtig. Unter anderem deshalb, weil ich da meine erste Buffo-Partie in einer Operette zu spielen hatte. Das schlug ein; ich spielte nun in Operetten, daneben aber auch jugendliche Helden, Charakterrollen. Vor allem die Begegnung mit der Operette war sehr nützlich für mich. Sie hat mir Sicherheit gegeben, weil ich da tüchtig extemporieren konnte. Mir fiel es deshalb später relativ leicht, den Mackie Messer zu spielen.

In Oldenburg gab es ein sehr theaterbegeistertes Publikum. Mein Selbstvertrauen konnte wachsen und sich entfalten. Trotzdem bin ich kein Siegertyp. Zwar habe ich nie Fachgrenzen gekannt, wohl aber Persönlichkeitsgrenzen.

Von Oldenburg ging ich für ein Jahr nach Zürich, dann dreieinviertel Jahr nach Darmstadt zu Carl Ebert, später Gustav Hartung. Ich betrachte diese Zeit immer als meine

Gesellenjahre. Ja, das waren tolle Jahre, und ich habe so viel gespielt, daß ich gar nicht alles aufzählen kann.

1932 wurde ich von Darmstadt zurück nach Hamburg engagiert. Damals war dort so ein bißchen Meiningerei ausgebrochen. Wir versuchten, etwas frischen Wind ins Ensemble hineinzutragen, wir, die wir gemeinsam aus Darmstadt ans Schauspielhaus Hamburg gegangen waren.

1934 kam Ehmi Bessel an dieses Theater. Unsere erste Partnerschaft fand in Hebbels *Maria Magdalena* statt. Sie spielte die Klara, ich den Leonhard. Sie mußte mich in dieser Rolle anflehen: »Heirate mich!« Aber sie hat dann noch ein paar Jahre warten müssen, ehe aus dem Bühnensatz Realität und sie meine Frau wurde. Seit über fünfzig Jahren stehen wir nun gemeinsam auf der Bühne, und in vielen Aufführungen haben wir zusammengespielt. So in *Minna von Barnhelm* – sie die Minna, ich den Tellheim; im *Don Carlos* – sie die Eboli, ich den Posa.

Den *Carlos* hatte Jürgen Fehling inszeniert, eine Aufführung, die haben die Leute bis heute nicht vergessen. Fehling kam wie ein Sturmwind über uns: Man wurde geschüttelt, es blieb einem die Luft weg, man mußte sich festhalten, um nicht umgeblasen zu werden. Aber er mobilisierte alle Kräfte. Da er keinen der Hamburger Schauspieler kannte, sah er sich zunächst einige Inszenierungen an und besetzte danach – seinen Eindrücken vertrauend – den *Carlos.* Mit schonungsloser Offenheit sagte er uns, was ihm an falschen, konventionellen oder nichtssagenden Gesten oder Gängen mißfallen hatte. Aber er sagte auch, was er gut fand. Zunächst war ich skeptisch und ging in Deckung. Beobachtete vor allem. Aber nachdem er einmal im Vorüberstürmen nach einer harten Probe geäußert hatte: »Du kannst mir übrigens ruhig glauben!« – da war das Eis gebrochen, und ich öffnete mich von Probe zu Probe mehr. Dieser Posa unter Fehlings Regie eröffnete mir ein völlig neues Rollengebiet.

Aber unabhängig davon gerieten wir alle völlig in seinen

Werner Hinz als Hjalmar mit Ehmi Bessel in Ibsens Wildente – *1956 am Schauspielhaus Hamburg; Regie: Rudolf Noelte*

Bann und mobilisierten unsere ganzen Kräfte, um seinen Intentionen, seinen Anforderungen und seinem Höhenflug folgen zu können. Er war von unbändiger Vitalität und mitreißendem Temperament. Sein sprühender Geist, seine außergewöhnliche Phantasie, sein fundamentales Wissen rissen uns hin.

Er spielte oft und gerne vor. Ich mag das eigentlich nicht, aber er machte das so überzeugend und großartig, daß man nur begeistert sein konnte. Nur mußte man sich vor Kopien hüten. Aber Persönlichkeit und Eigenwilligkeit setzten sich bei ihm – wie bei allen großen Regisseuren – letztlich durch. Bei ihm lernten wir erstmals, uns in einem riesigen Spielraum und auf einer mächtigen Schräge zu bewegen. Das war nicht einfach. Aber wir begriffen: Jeder Gang wurde auf diese Weise zu einer Aktion.

Jürgen Fehling war unerbittlich in seinen Forderungen. Er hat uns gequält und gepeinigt – auch durch seinen beißenden Witz –, aber es war immer um der Kunst, um des Theaters willen. Er liebte seine Schauspieler und wußte sie zu loben. Er hat Maßstäbe gesetzt, nach denen wir streben konnten.

Von Hamburg aus wurden meine Frau und ich nach Berlin engagiert. Unsere Kinder kamen. 1941 standen wir erstmals wieder gemeinsam auf der Bühne – in Ibsens *Wildente* unter der Regie von Karl Heinz Martin. Ehmi Bessel spielte die Gina, ich den Hjalmar; Rollen, die wir gemeinsam viermal, unter verschiedenen Regisseuren und zu verschiedenen Zeiten gegeben haben. Hannelore Schroth war in der Berliner Aufführung unsere Hedwig; den Gregors Wehrle spielte Joachim Gottschalk. Es war seine letzte Rolle. Wir fuhren oft alle gemeinsam nach der Vorstellung mit der S-Bahn nach Hause. Trotz der schweren Zeiten waren wir immer noch vergnügt zusammen. Dann kam das tragische Ende von Gottschalk …

Das Kriegsende erlebten wir in Hamburg. Sehr bald erhielten wir dann die Erlaubnis, wieder zu spielen, jedenfalls die Schauspieler, die eine saubere Weste hatten, keine Nazis gewesen waren. Zuerst traten wir in *Jedermann* auf, eine Inszenierung, in der nach vielen Jahren erstmals auch Ida Ehre wieder auf der Bühne stand.

Dann meldete sich auch der Film. Ich drehte unter Helmut Käutner *In jenen Tagen*. Wir arbeiteten unter sehr harten und primitiven Bedingungen. Es war furchtbar kalt, neunzehn Grad unter Null – aber die Arbeit lohnte sich, es wurde ein schöner Film.

Herbert Jhering, der große Theaterkritiker, damals Dramaturg am Deutschen Theater Berlin, rief mich an und fragte, ob ich unter Gründgens am Deutschen Theater in Wedekinds *Marquis von Keith* den Scholz spielen wolle. Ich sagte zu. So kam ich wieder nach Berlin, diesmal zu Wolfgang Langhoff, der als Intendant des Hauses fungierte. Das Deutsche Theater liebe ich sehr, es ist eines der schönsten der Welt. Und ich hatte wunderbare Aufgaben. Unter Langhoff den Mephisto im *Faust*, unter Ernst Legal den Cyrano neben Horst Schönemann und Paul Esser, unter Brecht in seiner berühmten *Courage* den Feldprediger neben der Weigel und Paul Bildt. Auch meine Frau hatte viel zu tun, war die Elmire im *Tartuffe* und spielte wunderschöne große Rollen. Sie kannte Langhoff von Düsseldorf her, aus der Dumont-Zeit. Er hatte sie gleich ans Deutsche Theater verpflichtet, und sie stieg dort auch groß ein.

Die Begegnung mit Brecht war ungemein produktiv. Er besaß eine ungeheure Phantasie, immer neue Dinge fielen ihm ein, er wirkte überquellend, ohne Begrenzungen. Erich Engel, mit dem er gemeinsam die *Courage* inszenierte, mußte schließlich stoppen und auf den Premierentermin verweisen.

Zunächst war ich aber völlig überrumpelt, als ich hörte, ich sollte den Feldprediger spielen. Ich sah mich so nicht, wußte nicht, wie und wo anfangen. »Solange ich den nicht vor mir sehe, bekomme ich nicht den Ausdruck, den Ton, die Bewegung«, erklärte ich Engel. Am nächsten Tag kam Engel mit einem Bildband Hieronymus Bosch, tippte mit dem Finger auf einen Mann und fragte: »Ist's vielleicht der?« Das war so ein Kerl mit einer gewaltigen Nase. Das sprang mich an. Ich sagte: »Ja«. Sofort begann meine Phantasie zu arbeiten. Ich entdeckte aus dem Text: der Mann geht ungern, muß aber gehen – Plattfüße! So kam der Gang zustande. Ich habe das nicht ausgetüftelt, das war intuitiv, obwohl ich mir dann Dinge auch schon bewußt machte. Was die Nase angeht – da war wiederum Brechts

Werner Hinz als Rittmeister in Strindbergs Vater *– 1967 am Deutschen Schauspielhaus Hamburg; Regie: Fritz Kortner*

Phantasie angeregt. Die Nase wurde immer größer. Bis Engel schließlich wieder stoppte und sagte: »Nun haben wir es aber.«

Eine Episode, die ich während der Proben erlebte, war besonders komisch. Eines Tages probierte ich ein bißchen aus so einer Leck-mich-am-Arsch-Stimmung heraus. »Na, was ist denn los, Hinzchen, keine Lust heute?« fragte Engel. Brecht stand auf der anderen Seite der Bühne und hatte Engels Bemerkung nicht gehört. Kurz darauf rief er: »Herr Hinz, großartig heute. Genau so festhalten!« Der Regisseur hatte das Unbeteiligtsein bemerkt, dem Dichter gefiel der dadurch entstandene lockere Ton. Da muß man schon ein ausgewachsener Schauspieler sein, um das zu verkraften. Aber ich fand mich trotzdem zurecht.

Brecht hat uns alle fasziniert und beschäftigt. Bis hin zu Anekdoten und Späßen. Wir hatten Generalprobe *Faust* am Deutschen Theater. Wilhelm Borchert spielte den Faust, ich – wie gesagt – den Mephisto. Die Paktszene kommt, und ich deklamiere: »Ist doch ein jedes Blättchen recht, du unterzeichnest dich mit einem Wort von Brecht.« Borchert brach natürlich zusammen und sank mit dem Kopf aufs Pult …

Von Berlin aus wurden meine Frau und ich schließlich nach München engagiert. Ich erzählte ja schon, das Zigeunern liegt den Hinz' im Blut; wir wechselten oft die Theater. Nach München kam Zürich, dann wieder Hamburg, dazwischen Wien, die Burg … Berlin ist meine Mutter, Hamburg meine Frau, Wien meine Geliebte. Wunderschöne große Rollen habe ich – oft wieder gemeinsam mit meiner Frau – gespielt. Und ganz besondere Begegnungen waren die mit den Regisseuren Fritz Kortner und Gustaf Gründgens.

Kortner war nicht einfach auf den Proben. Aber man lernte eine Menge bei ihm. Auch er haßte äußerliche, gefällige Allüren. Eine häufig von ihm gebrauchte Redensart war: »Seien Sie nicht so abonnementsfreudig«, damit rügte er die falsche, sinnlose Hinwendung zu den Zuschauern. Ihm lag daran, durch gestisches Spiel die Vorgänge auf der Bühne besonders deutlich zu machen, nicht sich ans Publikum zu wenden. Er war der Meinung, daß die Schauspielerei an Gestik verarmt sei – er »unterstrich« also den körperlichen Ausdruck.

Ich lernte ihn kennen bei der Arbeit an Strindbergs *Vater* in Hamburg. Er selbst hatte das Stück bereits mehrfach inszeniert und auch selbst den Rittmeister gespielt – immer mit Maria Wimmer, die nun auch meine Partnerin war. Ich fürchtete, er könne mich in seine frühere Rollenjacke zu zwängen versuchen. Aber diese Befürchtungen wurden schnell null und nichtig, als Kortner an einem der ersten Probentage äußerte, er sei ja nun wieder um einiges älter geworden und habe eingesehen, daß schwarz nicht ganz schwarz und weiß nicht ganz weiß sei. Nach dieser Äußerung wußte ich, daß er ganz neu an die Inszenierung mit mir gehen würde. Und so war es. So bestimmt und unnachgiebig er in vielem war – er führte mich nicht von mir weg.

Aber schwierig war es dennoch mit ihm. Wenn er ärgerlich wurde – wurde er leicht böse, und dann konnte er schon verletzend sein. Ätzend zynisch wurde dann seine Rede. Sicher war er auch nicht immer gerecht und nicht immer genügend geduldig. Aber im Grunde war er vor allem dann gereizt, wenn er auf Dummheit, Ignoranz, Mittelmaß und Routine traf. Es lag sicher auch in seiner Natur zu streiten. Und Streiter sein mit Worten heißt ja wohl auch: ewiger Sucher zu sein.

Gründgens hatte uns nach Hamburg geholt, und es wurde eine wunderbare Zeit. Er war der größte Allround-Theatermann, den ich kennenlernte. Und obwohl wir fachgleich waren und ich mitunter deshalb zurücktreten mußte, war es ein unglaublich erfülltes Theaterleben. Gründgens und ich waren eng befreundet. Wir unternahmen mit dem Ensemble Tourneen nach Moskau und Leningrad, stellten unseren *Faust* vor (Gründgens spielte den Mephisto, ich den Faust, meine Frau die Marthe), wir hatten dort Begegnungen mit vielen interessanten aufgeschlossenen Menschen; Pasternak kam hinter die Bühne, Gott, war das ein lebendiger Mann, wie ein Südländer! – kurz, es war wirklich eine herrliche Zeit!

Auf den Proben spielte Gründgens übrigens selten vor. Nur wenn er merkte, es fehlte mir an Mut zu etwas Besonderem, schlug er vor: »Mensch, mach doch mal das!« Und er demonstrierte es überzeugend. Er besaß die Gabe der knappen, treffenden Formulierung. Er konnte oft mit einem einzigen Satz das Wesentliche einer ganzen Szene charakterisieren. Übrigens war er eigenartig gespalten. War man privat mit ihm zusammen, dann, was weiß ich, schüt-

Werner Hinz in der Fernsehinszenierung von Lessings Nathan der Weise – *1982*

tete er einen Kaffee vorbei oder verbrannte sich die Finger beim Feuergeben. War er dagegen im Amt, als Intendant hinterm Schreibtisch oder als Regisseur am Regiepult oder auf der Bühne oder in offiziellen Verhandlungen – der Kaiser von China hätte da kommen können, er stand da als absolut sichere Persönlichkeit. War die Aufgabe erledigt, war er wieder ganz privat, dann war er wieder befangen und ungeschickt.

Als Gründgens dann vom Hamburger Schauspielhaus wegging, da bröckelte es so ein bißchen im Ensemble. Mit Oskar Fritz Schuh, einem Nachfolger von Gründgens, war ich seit Jahren befreundet. Da aber auch Schuh nicht verhindern konnte, daß sich das Ensemble aufzulösen begann, stiegen wir schließlich aus dem festen Ensemble aus – meine Frau und ich. Ich habe dann zeitweise noch beim Film und beim Fernsehen gearbeitet, habe Lessings *Nathan* gespielt – eine Inszenierung, die große Resonanz fand. Zuletzt stand ich gemeinsam mit meiner Frau und Ida Ehre in Galins Stück *Einmal Moskau und zurück* (*Retro,* I. P.) auf der Bühne der Hamburger Kammerspiele. Und ich hoffe, daß das wieder der Fall sein wird. Es gibt Pläne – ein Stück, das für uns geschrieben wird, für Ida Ehre und mich.

Aufgezeichnet von Ingeborg Pietzsch

Oleg Jefremow

Es ergab sich, daß ich bereits als sechsjähriger Junge in die Villa eines der Begründer des Moskauer Künstlertheaters, Wassili Lushski, kam. Ich hatte einen Schulfreund, dessen Vater, K.M. Babanin – ebenfalls MCHAT-Schauspieler –, seit der Revolution in dieser Villa wohnte. Die Lushskis hatten sich von da an etwas einschränken müssen, denn Babanin erhielt, weil er dem Gewerkschaftskomitee des Künstlertheaters vorstand, einen kleinen Flügel in dem Haus zugeteilt: ein mächtiges Gebäude mit einem riesigen Garten, diese Villa, die übrigens noch heute existiert.

Damals aber, als ich dort hinkam, war Lushski schon tot, und die Villa wurde von der Witwe, Perepetuja Alexandrowna, einer großen weißhaarigen Alten mit ungewöhnlicher Biografie, bewohnt. Ihre Gäste waren die Greise des Künstlertheaters, jene »letzten Mohikaner« aus der Gründer- und Blütezeit des MCHAT! Dort verkehrten Moskwin und Katschalow und andere … Damals machte das keinen sonderlichen Eindruck auf mich; wir Kinder hatten unsere Probleme – kletterten auf die Bäume, wurden dafür ausgeschimpft, denn der Garten war wunderbar – mit seinen Blumen, Kirsch- und Apfelbäumen … Oder wir spielten Versteck und erfanden Mutproben, nun ja, wie Jungen in diesem Alter eben sind …

Vor dem Krieg brachte meine Großmutter uns einen »neuen Enkel«, Sascha Kalushski, ins Haus, den Stiefsohn des MCHAT-Schauspielers Jewgeni Kalushski. Durch Sascha, dessen Weg zum Theater bereits feststand, kam ich 1943 zur Laienspielgruppe eines Pionierhauses. Er wollte, daß ich ihm »Gesellschaft leiste«. Von nun an gingen wir regelmäßig dorthin. Man gab mir irgendeine Rolle, nun ja, und ich spielte sie. Doch war das nicht das Wichtigste. Mich interessierten vielmehr die gleichaltrigen Jungen und vor allem die Mädchen. Dann spielten wir Simonows *Russische Menschen*, wo ich gleich drei Rollen auf einmal bekam, und wir fuhren mit dieser Aufführung in die Kolchosen der Moskauer Umgebung.

Irgendwie begann mich dann das Theater zu vereinnahmen, von mir Besitz zu ergreifen. Nicht von ungefähr. Die Leiterin des Laienspiel-Zirkels war eine wunderbare Frau und Pädagogin, die – einst selbst Schülerin Michail Tschechows – den größten Teil ihres Lebens der Ausbildung von Theaternachwuchs widmete. Die Gespräche mit ihr über die Aufgaben der Kunst, darüber, daß Theater zu einem engagierten inneren menschlichen Auftrag werden kann, bewirkten, daß ich mich zunehmend ernsthaft mit diesen Problemen beschäftigte. Als die Schulzeit zu Ende ging, mußte man sich für irgendeinen Beruf entscheiden. Sascha begann sich auf die Aufnahmeprüfungen an der Schauspielschule des Künstlertheaters vorzubereiten. Und ich lief einfach mit ihm mit. Sein leiblicher Vater hörte sich an, was wir ihm vortrugen, riet mir aber nicht sonderlich zu … Doch von jetzt an stand es für mich fest: Ich werde Schauspieler! Man riet mir, mein Repertoire für die Prüfung abzuändern … Ich wählte zum Vorsprechen Korolenko aus, *Der Gerichtstag*, eine recht volkstümliche Geschichte; den *Wunsch des Ruhms* von Puschkin und eine Fabel, *Die Katze und die Nachtigall*, in der die Katze die Nachtigall in ihre Krallen nimmt und ihr sagt, sie solle singen. Wie aber soll sie singen in dieser Situation? Damit wollte ich andeuten, daß die Kommission für mich die Katze ist – und ich bin – die Nachtigall …

Die Kommission war höchst respekteinflößend – bestand aus der ganzen Blüte des MCHAT, an der Spitze stand der berühmte Nikolai Chmeljew. Eine kolossale Aufnahmeprüfung, vielleicht siebenhundert Bewerber und mehr. Ich war kahlgeschoren bis auf die Kopfhaut, denn

Oleg Jefremow – privat in den fünfziger Jahren

ich wollte mir Bedingungen der geringsten Selbstbegünstigung schaffen, damit ich nicht per Zufall in ein vorteilhaftes Licht geriete. Ich war noch dünner als jetzt. Einen Anzug hatte ich nicht, zog also den meines Onkels an – der mir viel zu weit war. Wir lebten damals nicht gerade im Reichtum.

Ich rezitiere also, und die ganze Kommission lacht, bis auf Chmeljew, der ziemlich düster dreinschaut. Nun, denke ich, bei mir wird es nicht klappen. Und das rechte Knie zittert schon. Plötzlich lächelt Chmeljew. Ich höre auf zu bibbern, und als ich aus dem Saal gehe, flüstert mir ein Schauspieler zu: Dich nehmen wir ... Sascha wurde auch angenommen, obwohl es ihm vor lauter Aufregung die Sprache verschlug, so daß er mit hauchdünner Fistelstimme rezitierte. An vieles, was danach kam, das Studium selbst zum Beispiel, erinnere ich mich schon kaum noch, dafür aber um so genauer an meinen Vortrag vor der Auswahlkommission.

Es wäre gelogen, wollte ich behaupten, das MCHAT wäre schon vor dem Krieg mein Lieblingstheater gewesen. Vielmehr mochte ich das Dritte Kindertheater auf der »Straße des 25. Oktober« unter Leitung von Olga Pyshowa und Boris Bibikow. Ich war sogar im Beirat dieses Theaters. Auf der Bühne stand ich zum ersten Mal gemeinsam mit Sascha, wir spielten ein Fragment aus Turgenjews *Monat auf dem Lande* – in der 59. Moskauer Schule, dem ehemaligen Medwedjew-Gymnasium, das einst Juri Sawadski und Pawel Massalski absolvierten.

Unsere Lehr- und Wanderjahre verliefen recht kompliziert, das Leben nach dem Krieg war nicht einfach. Und wir lebten noch mit ihm – vielleicht unbewußt, aber er saß uns mächtig in den Knochen.

Nach Beendigung der Schauspielschule ging ich ans Zentrale Kindertheater – und das in den schwierigsten Jahren, die wir durchlebten und heute mitunter auszulassen geneigt sind. Meine erste Rolle am Künstlertheater spielte ich noch während des 3. Studienjahres, 1948. Dort gab es in Vorbereitung des 50. MCHAT-Jubiläums die Inszenierung der *Grünen Straße* von Suchow, die gewissermaßen im Zenit jener berüchtigten Bewegung der Konfliktlosigkeit stand. Mit dieser Aufführung begann das Theater zu sterben, setzte der Ausverkauf all seiner tradierten Kriterien ein. Ich spielte einen Handwerker.

Dann, als ich am Zentralen Kindertheater regulär zu arbeiten begann, spielte ich viele Rollen in Stücken, die beschönigend über Konflikte hinwegglitten. Diese Entwicklung nahm ständig zu, wir aber mußten weiterspielen. Doch zum Glück wurde diese Periode der Windstille schließlich abgelöst, bedingt durch den Aufschwung in unserer gesamten Kunst, der auf die Erneuerungen in unserem gesellschaftlichen Leben Mitte der 50er Jahre zurückging. Für mich begann diese Veränderung im Theater mit der Dramatik von Viktor Rosow. Sein Stück *Eine Seite aus dem Leben* erfreute sich nach Stalins Tod großer gesellschaftlicher Resonanz. Es folgte *Hals- und Beinbruch.* Und auch das Sowremennik eröffneten wir mit einem Rosow-Stück, das zuvor aus den verschiedensten Gründen nie gespielt worden war, *Die ewig Lebenden*, seinem allerersten und, wie ich meine, interessantesten Text.

Das neu entstandene Sowremennik galt als die Inkarnation einer Aufwärtsströmung, die im engen Zusammenhang mit dem XX. Parteitag der KPdSU stand. Wäre das Sowremennik nicht entstanden, hätte sich garantiert ein anderes Theater gebildet, das den neuen gesellschaftlichen Anforderungen entsprach. Nur: die Spezifik des Sowremennik-Theaters bestand darin, daß es sich zu den verschütteten Traditionen des MCHAT bekannte. Denn das Künstlertheater selbst durchlebte zu dieser Zeit eine schreckliche Epoche der Abschwörung und des Verrats in bezug auf sein eigenes Programm, auf all das, was Stanislawski und Nemirowitsch-Dantschenko als Vermächtnis hinterlassen hatten. Das Sowremennik wurde zunächst als

Oleg Jefremow als Tanker-Soldat Iwanow in Alexander Stolpers Film Die Lebenden und die Toten – *1964*

Studio des MCHAT gebildet, um dieses untergehende Theater gleichsam zu rehabilitieren. Doch die Situation war problematisch.

Nach dem XX. Parteitag gingen die Leute plötzlich nicht mehr ins Theater. Vorher waren die Häuser voll gewesen, es wirkte ja eine bestimmte kunsterzieherische Propaganda, jetzt erkannten die Leute, daß das, was man ihnen vorgesetzt hatte, von ihnen gar nicht gebraucht wurde. Deshalb mußte man grundsätzlich sämtliche Spielpläne neu konzipieren und eine andere Dramatik aufspüren. Alle übrigen Bühnen taten das auch, nur das MCHAT befand sich kraft seiner Trägheit in einem Zustand der Isolierung und mangelnden Flexibilität ... Da wurden das Sowremennik und die Idee zu diesem Theater geboren: Nach Beendigung der Schauspielschule des Künstlertheaters hatte mir mein Lehrer, Wassili Toporkow, vorgeschlagen, in diesem Studio als Pädagoge zu bleiben, neben meiner Arbeit als Schauspieler natürlich, und ich blieb; bin nun mittlerweile dort Professor geworden. 1955 entließ ich ein Studienjahr, mit dem ich mich sehr eng angefreundet hatte. Es bestand aus interessanten jungen Leuten, die bereits nachzudenken begannen – über die Zeit, die Aufgaben der Kunst usw.

Zu dem Studienjahr gehörten Galina Woltschok, Igor Kwascha, Ludmila Iwanowa und andere. Und obwohl sie alle schon Engagements in der Tasche hatten, wollten und konnten wir uns nicht voneinander trennen. So begannen wir Abend für Abend in unserer Freizeit und in eben derselben Schauspielschule, dem MCHAT-Studio, Rosows *Ewig Lebende* zu probieren. Diese Arbeit verband uns endgültig künstlerisch miteinander. Denn es ging nicht nur um normale Theaterproben, wir untersuchten darüber hinaus Momente der Bühnenbildarbeit, künstlerische Fragen und Probleme. Wir versuchten, dem Nachlaß von Stanislawski näherzukommen, um so mehr, als damals in dem Studio noch der berühmte Michail Kedrow arbeitete.

So erarbeiteten wir etwa eine Saison lang die *Ewig Lebenden*, und sehr viele, inzwischen berühmte Leute arbeiteten mit uns. Die Besetzung wurde immer wieder erneuert. Als erster probierte Alexej Batalow die Rolle des Boris. Seine ursprüngliche Partnerin war Irina Skobzewa. Als sie zur kunstwissenschaftlichen Fakultät der MGU überwechselte, übernahm Tatjana Doronina diesen Part, dann schloß sich uns Lilia Tolmatschowa an, und endlich – gegen Ende der Saison 1955/56 – führten wir das Stück auf. Wir spielten nachts, denn wir hatten ja keine eigene Bühne. Die Dekoration bestand vorwiegend aus Schränken, die wir dem Fundus des MCHAT entnahmen. Auf der Bühne half uns mein erstes Studienjahr: Tatjana Lawrowa, Alla Pokrowskaja und andere.

Wir spielten das Stück, und es gab auch Diskussionen, jedoch an ein eigenes Theater dachte damals noch niemand. Plötzlich aber wurde bei denen, die diese Nachtvorstellungen sahen, der Ruf nach einem Theater laut. Und auch ich dachte auf einmal darüber nach. Da ich aber »Regisseur wider Willen« war und es in Moskau damals eine Menge junger interessanter Leute, darunter auch Regisseure gab, beschlossen wir, uns zusammenzutun. Ich sprach mit Anatoli Efros, Boris Lwow-Anochin, Viktor Monjukow, und wir bildeten einen Gründungsrat. Ihm gehörten auch der Rektor des MCHAT-Studios, Radomyslenski, und der inzwischen verstorbene Wolodja Sappak, damals einer unserer interessantesten Theaterwissenschaftler, an. Außerdem als Vertreter jener gestandenen akademischen Ausrichtung der Theaterwissenschaftler: Witali Wilenkin. Wir verfaßten ein kurzes Schreiben ans Kulturministerium, in dem wir unser Programm formulierten und die Autoren vorstellten, deren Stücke wir in Zukunft inszenieren wollten. Außerdem wurde eine Liste von jungen Schauspielern beigefügt (alle Absolventen des MCHAT-Studios), die ihre derzeitigen Engagements aufgeben wollten, um zu uns überzuwechseln.

Der Brief wurde in den Archiven des Ministeriums für Kultur begraben. Wir aber nutzten die Zeit und begannen unterdessen, Wolodins Stück *Das Fabrikmädel* zu probieren. Darin spielten Oleg Tabakow, Jewgeni Urbanski, Valentin Gaft; Efros inszenierte ein Stück des englischen Autors Ruttigan *Die Lichter auf dem Wasser* und konzipierte den Bulgakowschen *Molière.* Zu dieser Zeit wandten wir uns mit der Bitte an das MCHAT, uns als Studio beim Künstlertheater juristisch zu sanktionieren. Aber der Künstlerische Rat des MCHAT, auf dessen Sitzung ich zugegen war, sagte, ein Studio sei überflüssig. Allenfalls würden sie mich aufnehmen, und vielleicht noch ein, zwei Leute, und damit aus und basta.

Das war natürlich keine prinzipielle Lösung unseres Problems. Doch plötzlich, buchstäblich am nächsten Morgen, schlug uns Nikolai Ochlopkow vor, kollektiv in sein Theater zu kommen. Hier habt ihr bitte ein Gebäude, und

Oleg Jefremow als Taxichauffeur in Tatjana Liosnowas Film Begegnung mit der Zärtlichkeit *– 1968*

nun fangt an. Heiße Diskussionen brachen aus, die sich über zwei bis drei Nächte hinzogen. Denn wir waren dank unserer Jugend Maximalisten, auch im Zugehörigkeitsgefühl zu einer ganz bestimmten Richtung in der Kunst; und wir hielten uns für MCHAT-Kinder, während Ochlopkow uns wie die Verkörperung einer gegen das Künstlertheater gerichteten Linie in der Theaterarbeit erschien. Da konnten wir uns doch nicht plötzlich so prinzipienlos verhalten und zu ihm überwechseln. Wir stritten uns vor allem mit Efros, dem es egal war, wo wir uns formierten. Das Ergebnis war eine erste Spaltung unserer Gruppe: Efros verließ uns, der Gründungsrat fiel auseinander, und wieder stand ich allein da, abgesehen von meinen Leuten. Wir spielten noch zwei Abende auf der Bühne der MCHAT-Filiale. Dann schrieben wir einen weiteren Brief, diesmal ans ZK, mit der kurzen, knappen Entscheidung: »Als Studio innerhalb der Sphäre des MCHAT zu erhalten ...« Zwölf Schauspieler verließen ihre Theater und wechselten (zunächst als Gast) vertragsweise ans Künstlertheater über. Damit war der Grundstein für das Sowremennik gelegt. Es folgten listenreiche Kämpfe; erst später nannten wir uns Sowremennik. Viele interessante Leute stießen zu dieser Truppe. Junge Dichter, Schriftsteller und Maler gruppierten sich um uns, das Haus wurde so etwas wie ein geistiges Zentrum Moskaus ... Doch seinem Wesen nach war es ein Studio des Künstlertheaters, obwohl das MCHAT das nicht wahrhaben wollte.

1980 wurde das Sowremennik bereits 25 Jahre alt. Darüber zu sprechen, fällt mir nicht leicht. Die Truppe ist mir ja damals nicht zurück ans MCHAT gefolgt, obwohl es sicher besser für uns alle gewesen wäre. Als die Alten aus dem MCHAT mich zurückholten, diesmal als Chefregisseur des Hauses, war die erste Bedingung, die ich stellte, daß das Sowremennik wieder in das Künstlertheater einmünden müsse, damit neues Blut in den alten Adern fließen könne. Wir waren damals nicht viele, etwa 30 Mann. Die Alten im MCHAT waren einstimmig dafür. Jetzt begriffen sie, in welchem Zustand ihr Theater war. Und das Sowremennik besaß allerhand Kraftreserven, es begriff sich als selbständiges Theater, keiner glaubte so recht an die Wiedergeburt des Künstlertheaters.

Dabei verjagte Christus doch auch einst die Händler aus dem Tempel, weil ihm der Tempel wichtig war, denn auf den Tempel kommt es an! Für mich allein ist es schwer, zu schwer, die Händler zu verjagen. Und überdies bin ich nicht Jesus! Wenn damals das Sowremennik mitgegangen wäre – und zwar rechtzeitig, nicht vereinzelt wie später dann so nach und nach –, dann hätte der Prozeß der Regenerierung einst gültiger MCHAT-Normen sicherlich viel aktiver und rascher vorangetrieben werden können. Mein Prinzip heißt: Wenn es mir schon nicht gelingt, die Händler aus dem Tempel zu vertreiben, so rufe ich einzelne

Oleg Jefremow als Maler in Alexander Mittas Film Leuchte, mein Stern, leuchte – *1970*

»Nicht-Händler« zu mir, grob gesagt, talentierte Schauspieler, die das Profil dieses Theaters mit prägen helfen können. In den Jahren, die ich nun schon hier arbeite, hat sich mittlerweile so eine Art Kern des neuen MCHAT herausgebildet – mit Smoktunowski, Popow, Kaljagin, Lawrowa, Ija Sawwina, Anastassija Wertinskaja. Trotzdem ist die Situation noch immer angespannt. Wenn ich Direktor und Chefregisseur in Personalunion wäre, fiele mir vieles leichter. So aber sind mir die Hände gebunden.

Im ersten Jahr meiner Tätigkeit am Künstlertheater dachte ich sehr intensiv über die Zwistigkeiten innerhalb der Truppe nach und kam zu dem Schluß, daß ich zunächst die älteste MCHAT-Generation einen muß, damit es wenigstens einen Ausgangspunkt für die Arbeit gibt. Von ihnen gingen die meisten Streitigkeiten aus. Ich bildete einen Ältestenrat, dem zweiundzwanzig Veteranen angehörten. Inzwischen sind es nur noch sechs. Die Blüte des alten Künstlertheaters hat uns verlassen. Und inzwischen steht die Frage einer Rückkehr des Sowremennik schon nicht mehr auf der Tagesordnung. Mittlerweile ist das ein anderes Theater geworden, eines, das auch nicht mehr auf der Suche ist.

Das Wichtigste, was ich mit meinem Amtsantritt im Künstlertheater erreichen wollte, war die Säuberung des Repertoires von elementarer Konjunkturreiterei. Wir hatten damals im Sowremennik auch eine mutige Repertoirepolitik eingeführt, indem wir Rosow und Wolodin inszenierten – seine *Fünf Abende* waren damals von ähnlicher Bedeutung wie Rosows *Klassentreffen* – wir spielten *Die ältere Schwester* und *Die Bestimmung.* Wir waren auch schon ganz dicht an Wampilow herangekommen, seine *Entenjagd* habe ich vor einiger Zeit im MCHAT inszeniert. Und sehr wichtig war für uns seinerzeit die historische Trilogie *Dekabristen – Narodowolzen – Bolschewiki*, die jetzt leider vom Spielplan verschwunden ist, was ich sehr bedauere. Der zweite wesentliche Punkt bestand für mich darin, Schauspieler, lebende und *lebendige* Darsteller zu finden, die vom Ballast »der Tradition«, einer falschen Ästhetik und einer Art Künstlertheatertümelei frei sind. Das Ensemble des MCHAT ist jetzt dabei, sich grundlegend neu zu formieren … Regie – das ist für mich ein besonderes Problem. 1936 gab es am MCHAT sechsunddreißig Regisseure, heute sind es (mit mir) drei. Leider wollen gegenwärtig sehr viele ihre Regiekunst demonstrieren, »im Schauspieler sterben« will kaum noch jemand. Dieser Satz mag polemisch klingen, er scheint mir aber heute sehr aktuell. Ich persönlich habe nie gleichzeitig Regie geführt und in derselben Aufführung mitgespielt, abgesehen von der *Entenjagd.* Doch sonst habe ich immer erst die Inszenierung erarbeitet und dann erst später – eine der Rollen übernommen.

Oleg Jefremow – privat – 1979

Meine Lieblingsrollen zu nennen ist gar nicht so einfach. Zum Beispiel mögen mich die Frauen auf der Leinwand für *Die drei Pappeln auf der Pluschtschicha*, wo ich einen merkwürdigen, einsamen Taxifahrer spielte. Militärs verehren mich für den Panzersoldaten Iwanow in Simonows *Die Lebenden und die Toten* und Leute aus der Welt der Kunst für *Leuchte, mein Stern, leuchte* ... Dort spiele ich einen stummen Maler. Das kam so: Mitta trug mir die Rolle eines Malers an, eine ganz gewöhnliche, normale Rolle, mit Dialog. Ich sagte ihm: »Hör zu, laß uns das so machen, daß er kein einziges Wort sprechen wird, das ist viel interessanter. Ohnehin ist alles an der Figur eindeutig und klar. Wenn ich schweigen darf in der Rolle, übernehme ich sie. Andernfalls lohnt es sich nicht.«

Ärzte mögen mich für den Chirurgen Mischkin, rufen immer gleich »Aah, ein Kollege!«. Und die Milizionäre sind mir auch nicht gerade böse für die Erinnerung an den Film *Autoaffairen*. Mir aber gefällt eine kleine Rolle, die ich in dem Film *Mama hat geheiratet* spielte: so einen gottverlassenen, unglücklichen Trunkenbold. Und vor kurzem erst war ich in *Poem über Flügel* der Komponist Rachmaninow. Schließlich habe ich sogar selbst einen Film gedreht – während eines Gastspiels mit dem Sowremennik in Saratow: *Eine Brücke wird gebaut*. Alle Schauspieler der Truppe haben mitgewirkt, heute lohnt es sich allein schon deshalb, diesen Film anzusehen. Dann kam im Mosfilm-Studio der Film *Das alte neue Jahr* nach Rostschin, mit vielen MCHAT-Schauspielern.

Doch eigentlich mag ich den Film nicht so sehr. Er gibt kaum Möglichkeiten zur Improvisation her, der direkte Kontakt zum Zuschauer fehlt. Das Theater ist für mich eine viel lebendigere Arbeit.

In die achtziger Jahre trat ich mit der Inszenierung der *Möwe* ein. Um 1970 habe ich dieses Stück schon einmal inszeniert, damals nahm ich Abschied vom Sowremennik. Zu jener Zeit befand ich mich in einem Zustand der Verärgerung und Gereiztheit; ich war enttäuscht von unserer Intelligenz, die mir zersplittert, vereinsamt und zu wenig »zielstrebig« erschien – zu einer Zeit, da man meiner Meinung nach etwas grundsätzlich Neues hätte schaffen müssen. Diese meine Haltung wirkte sich auf die Konzeption der Aufführung aus, war gegen das sich intelligent gebende Kleinbürgertum gerichtet. Grob gesagt natürlich. Als ich die *Möwe* noch einmal inszenierte (1980), verspürte ich plötzlich und unerwartet eine Art Mitleid mit Tschechows Figuren. Ich habe begreifen gelernt, daß unsere Intelligenz inzwischen ein höchst kompliziertes Leben zu leben hat. Ihre innere Zerrissenheit ist keinesfalls böser Wille, vielmehr notwendig, um sich letzten Endes selbst zu finden. Es geht auch gar nicht so sehr um die Sorge um das eigene Ich; vielmehr tritt diese Beunruhigung immer zwangsläufig dann auf, wenn es insgesamt an einer konstruktiven Idee mangelt, um die herum man sich sammeln kann. Weil es sich lohnt, wie zum Beispiel damals, als wir das Sowremennik gründeten …

Im letzten Jahrzehnt entdeckte die Kunst des Theaters viele verschiedene Ausdrucksmöglichkeiten des Theatralischen. Eine Erneuerung des Theaters kann heute, wie mir scheint, nur mit der Entdeckung einer neuen Lebenswahrheit verbunden sein. So war es immer. Wenn aber im Theater »mehr Kunst« als alles andere betrieben wird, kommt irgendwann das Bedürfnis nach seelischer Erschütterung durch etwas Natürliches, Neues auf. Das Neue aber sollte unbedingt mit dem Leben der Gesellschaft zusammenhängen.

Aufgezeichnet von Oksana Bulgakowa/Dietmar Hochmuth

Marga Legal

Zur Welt gekommen bin ich in Berlin, 1908. Ich war das einzige Kind des damals am Schiller-Theater engagierten Schauspielers Ernst Legal. Bedingt durch Vaters Engagementswechsel zogen wir später nach Weimar, schließlich nach Wiesbaden, er wurde dort Intendant. Er führte auch zu Hause ein strenges Regiment: ins Theater durfte ich erst mit zwölf. Auch die Auswahl stand mir nicht frei: *Zauberflöte* und *Zar und Zimmermann, Charleys Tante* und *Wilhelm Tell* waren als erste Begegnungen mit der Theaterkunst ausersehen. 1920 trennten sich meine Eltern. Vater ging nach Berlin zu Jessner ans Staatsschauspiel, ich blieb bei meiner Mutter in Wiesbaden. Trotzdem wurde meine ganze Jugend durch die Persönlichkeit meines Vaters geprägt. Ich habe ihn sehr geliebt und bewundert. Er hatte ein nahezu enzyklopädisches Wissen auf allen Gebieten der Kunst, er war in der Malerei, Musik und Literatur aller Jahrhunderte zu Hause. Die Kunst war für ihn etwas Edles, hoch über allem Verehrungswürdigen. Etwas außerhalb der Kunst vermochte ihn nicht dauernd zu interessieren. Richtige Partnerschaft zwischen uns stellte sich erst nach dem Kriege her, als wir in Berlin wieder zusammentrafen. Er war da fast 70, hatte in seinem Leben nun beinahe 800 Rollen gespielt, ungeheuer viele Schauspiele und Opern inszeniert, Shakespeare, Molière und Rostand übersetzt, Mozart- und Meyerbeer-Opern bearbeitet, eigene Stücke geschrieben (*Gott über Göttern* war von den Nazis verboten worden) und leitete nun sieben Jahre lang die Deutsche Staatsoper. Aber trotz herzlicher Beziehungen hatten wir nun auch Meinungsverschiedenheiten. Die Erfahrungen, die ich inzwischen gesammelt hatte, ließen mich die Gefahren eines

Marga Legal – in den fünfziger Jahren – privat

idealistischen Weltbildes erkennen und die Grenzen einer ausschließlich auf die Kunst gerichteten Lebenseinstellung. Ich will erzählen, wie es dazu kam.

Ausbildung und Debüt

Vater war anfangs sehr dagegen, daß ich zum Theater ging. Da brauche man eiserne Gesundheit und Nerven wie Stricke, ich sei viel zu zart besaitet. Außerdem wetterte er energisch gegen die »vielen unbegabten Weiber« beim Theater (über die Männer sprach er nie). Im Grunde ließ er sich von dem gleichen Gedanken leiten, nach dem er erzogen worden war: man muß es den jungen Leuten schwer machen, damit sie um eine Sache kämpfen. Aus unerfindlichen Gründen riet er mir, Gärtnerin zu werden. Ich wollte ihm anfangs den Gefallen tun, aber auf die Dauer ging es nicht. Eines Tages sprach ich ihm die Thekla aus *Wallenstein* vor, mit Inbrunst und Hingabe. Vater lachte, daß ihm die Tränen kamen: »Geh' ruhig zum Theater! Du wirst einmal eine gute komische Alte werden.« Natürlich habe ich geheult, ich war 17 und wollte traurige und schöne Menschen spielen, aber der Weg war nun frei.

Vater empfahl mir Josef Geis für die Ausbildung, einen berühmten Münchner Sänger (er brillierte gerade als Beckmesser), bekannt für gute Sprechtechnik. Vorteil einer solchen Ausbildung war, daß man nach einem Jahr (länger dauerte sie nicht!) eine bestimmte Anzahl Rollen von A bis Z beherrschte und aufs Rollenverzeichnis setzen konnte. Das Verzeichnis war bei Bewerbungen einzureichen, je umfangreicher, um so besser, aber dort aufgeführte Rollen mußte man bei Kollegenerkrankungen innerhalb eines Tages übernehmen. (Mancher, der sein Verzeichnis künstlich aufgebläht hatte, um seine Chancen zu vergrößern, hat das deshalb später bitter büßen müssen.) Nachteil des Einzelunterrichts war, daß Partnerbeziehungen, Fechten und anderes natürlich nicht trainiert werden konnten.

Aber Vater war gegen Schauspielschulen. Übrigens kümmerte er sich längere Zeit nicht um meinen Werdegang, erst viel später sah er sich Vorstellungen an. Manchen praktischen Tip aber verdanke ich ihm, zum Beispiel für die Sprechtechnik – 50 Stufen hinauf und oben trotzdem noch Luft haben für einen Monolog.

1926 bekam ich das erste Engagement, in Aachen, als Naive. Meine Gage betrug 150 Mark, 25 Mark gingen als Abzüge weg (und nur diesen Betrag schoß mir mein Vater – zeitlebens ein ungeheuer sparsamer Mensch – monatlich zu). Dabei hatte der Schauspieler Garderobe für die modernen Stücke selbst zu stellen! Gott sei Dank mußte die Naive nicht so schrecklich elegant auftreten, man trug also seine Blüschen mal mit Brosche und mal mit Schal. Trotzdem war immer Schmalhans Küchenmeister, mehr als zwei warme Mahlzeiten in der Woche waren nicht drin. Einmal gingen wir jungen Schauspieler gemeinsam Muscheln essen, einmal Kartoffelpuffer, das war am billigsten. Dabei war aller zwei bis drei Wochen Premiere. Meine erste Rolle war eine Amazone in Kleists *Penthesilea* mit vier Sätzen, die zweite bereits die Viola in *Was ihr wollt.* Dazu kamen Aufgaben in Lustspielen von Benedix und Goetz, die Edrita in *Weh' dem, der lügt* und vieles andere.

Ich lernte, daß die Bühne eine Art hehre, edle Halle sei – heute ist sie ein Arbeitsplatz wie andere auch; diese Einstellung ist sicher vernünftiger und sachlicher, aber auch nüchterner – manchmal habe ich das Gefühl, daß etwas Schönes verlorengegangen ist. Ich lernte, daß man arrivierten Kollegen und vor allem den Regisseuren mit ehrfürchtigem Respekt begegnete. Ein winziger, schüchternfragender Einspruch beschwor einmal einen Zornesausbruch herauf, daß mir die Tränen kamen. Heute wird da gleichberechtigte Partnerschaft praktiziert, und das finde ich gut: die jungen Leute bei uns bewegen sich wie in einem normalen Arbeitskollektiv, und es passiert nicht selten, daß ein Jüngerer einem Erfahrenen rät: »Machen Sie das doch mal so und so.« Das gefällt mir ebenso sehr wie die soziale Sicherheit, die ein Schauspieler heute mit dem Engagement in der Tasche hat, vorausgesetzt, das führt nicht zu Disziplinlosigkeit und zum Verlust des unablässigen Strebens nach höchsten Arbeitsergebnissen.

Der arge Weg der Erkenntnis

In Aachen blieb ich zwei Jahre. Darauf folgte eine Spielzeit in Wuppertal. 1929 ging ich als jugendliche Charakterspielerin und Salondame an das Staatstheater Stuttgart. Hier war Fritz Wisten einer der vielbeschäftigtsten Schauspieler. Das Zusammentreffen sollte später noch Bedeutung für mich gewinnen. Ich spielte unter anderem die Shawsche Cleopatra, aber das »Hoftheater« fesselte mich nicht. Damals hatte das Schauspielhaus Königsberg einen guten Ruf, und nach drei Stuttgarter Jahren bewarb ich mich dort bei Intendant Fritz Jeßner. Königsberg konnte bei weitem nicht so viel zahlen wie Stuttgart, aber das scherte mich einen Dreck. Alles ließ sich auch glänzend an, ich hatte viel zu spielen, bekam gute Rollen (u.a. Eliza Doolittle in Shaws *Pygmalion*), oft war Heinz Hinze mein Partner. Man sprach schon über einen Vertrag bei Leopold Jessner am Berliner Staatstheater, da kamen die Nazis an die Macht. Und nun erhielt ich die Quittung für gesellschaftliches Desinteresse. Ich hatte mich nämlich bis dahin für Politik nicht im geringsten interessiert.

Es begann damit, daß Fritz Jeßner in die Schweiz ging. Ich fragte an, ob ich ihm folgen solle, aber er warnte mich vor dem entsetzlich schweren Emigrantendasein, auch hätte ich ja (noch) nichts auszustehen. Natürlich wurde ein neuer Intendant eingesetzt, von den Nazis. Jeder mußte nun einen Ariernachweis vorlegen. Vorsichtshalber kürzte man mir zunächst einmal die Gage auf die Hälfte. Bei der Beschaffung der nötigen Papiere stellte sich für mich absolut überraschend heraus: Der Vater meiner Mutter war

Marga Legal als Fräulein Juel in David und Goliath *von Georg Kaiser – 1957 am Maxim Gorki Theater Berlin mit Ruth Kommerell und Walter Jupé; Regie: Gerhard Klingenberg*

Jude. Ich bekam nun Rundfunkverbot, mehrere Male auch Auftrittsverbot, und nach Bildung der Reichstheaterkammer wurde schließlich meine Lage völlig aussichtslos. Ich mußte vom Theater abgehen. Das war ein furchtbarer Schlag für mich, aus heiterem Himmel, denn ich hing leidenschaftlich an meinem Beruf. Das war allerdings kein Einzelfall. Viele Nichtarier wurden damals von der Bühne vertrieben. Immerhin war das noch nichts gegen das, was anderen in dieser Zeit passierte. Viele Freunde wurden verhaftet oder emigrierten. In Hamburg heiratete ich den Schauspieler Heinz Klevenow, obwohl die Behörden demütigende Schwierigkeiten machten, und zog mich »ins Privatleben« zurück.

Zwischen 1937 und 1940 kamen meine drei Kinder zur Welt. 1940 übersiedelten wir nach Prag, denn mein Mann war dort am Deutschen Theater engagiert. Später wurde er eingezogen, und ich stand mit den Kindern allein. In der Tschechoslowakei erlebte ich die grausame Unterdrükkungspolitik der Nazis, und das war der nächste Schock für mich. Der verjagte die letzte politische Naivität, auch wenn Haß, Wut und Scham noch rein gefühlsmäßige Reaktionen waren. Ich sehe mich noch mit den Kindern auf dem Wenzelsplatz. Nach schmissiger Marschmusik wurden zwanzig Minuten lang Namen von exekutierten Geiseln verlesen. Es war die Zeit nach dem Attentat auf Heydrich, und ganze Familien wurden ausgerottet. Alle Tschechen blieben stehen und zogen stumm den Hut. Viele Deutsche aber gingen lachend und scherzend zwischen ihnen durch. Ich bin wie die Tschechen stehengeblieben, habe meinen Kindern den Mund zugehalten. Es wäre mir schrecklich gewesen, wenn sie sich als Deutsche zu erkennen gegeben hätten.

Ich gelangte schließlich mit ihnen über Kassel nach Braunschweig, dort trafen wir meinen Mann. Wie zogen nach Hamburg. Das Thalia-Theater engagierte uns. Nach mehr als zehn Jahren stand ich zum ersten Male wieder auf der Bühne! Dann kam unsere Scheidung. Ich erhielt das Sorgerecht für die Kinder. Was nun? Ich fuhr zu meinem Vater nach Berlin, in den sowjetischen Sektor. »Komm man zu den Russen«, meinte er, »die haben noch am meisten für die Schauspieler übrig.« Bei ihm war es auch, wo ich Fritz Wisten wieder begegnete. Er leitete jetzt das Theater am Schiffbauerdamm und bot mir sofort einen Vertrag an. Auch eine Wohnung fand sich. Was war da weiter zu bedenken! Auch der Übersiedlung lag noch keine bewußte politische Entscheidung zugrunde, praktische Gründe überwogen zumindest. Aber in dem neuen Ensemble stieß ich auf Steffie Spira, Friedrich Richter und Inge von Wangenheim, erfahrene Kommunisten, antifaschistische Widerstandskämpfer, in langjähriger Emigration politisch gereift. Diese Begegnungen waren dann wirklich entscheidend. Wir hatten eine Fülle von Gesprächen und Auseinandersetzungen. Ich wurde mit marxistischer Literatur vertraut. Zusammenhänge stellten sich her, Hintergründe hellten sich auf, Fragen fanden ihre Beantwortung, vor die mich meine Erlebnisse und Erfahrungen gestellt hatten.

Ich will's kurz machen: 1950 wurde ich Kandidat der SED, zwei Jahre später Mitglied. Von da ab habe ich ein bißchen bewußter gelebt und versucht, Künstlerisches und Gesellschaftliches unter einen Hut zu bringen. Als Schauspielerin sehe ich das so: Man spielt um so besser, je genauer man weiß, was man dem Publikum sagen möchte. In unserem Beruf hat man ja immer die Veränderung des Menschen darzustellen, daran mitzuwirken und dazu erst einmal wahrzunehmen. Es war darum für mich sehr nützlich, zunächst in der BGL, später in der Gewerkschaft Kunst und – ich greife da mal vor – als Stadtverordnete und Volkskammerabgeordnete tätig sein zu dürfen. Da habe ich mich nämlich nicht um Kultur gekümmert, sondern um Wohnungsfragen, Ladenöffnungszeiten und anderen »Kleinkram« des Alltags, der doch so wichtig ist für die Menschen. Aber ich glaube, mit der Beobachtung der Umwelt allein kommt man als Darsteller nicht aus. Es gehört das aktive Beteiligtsein dazu, das volle Engagement für das, was man als richtig erkannt hat. Das kann auch eine wichtige Quelle für die künstlerische Arbeit werden.

Am Theater am Schiffbauerdamm

Aber zurück zum Theater am Schiffbauerdamm. Meine erste Rolle war die Tamara in *Oberst Kusmin,* ein Offizier in einem sowjetischen Stück, das im Nachkriegsdeutschland

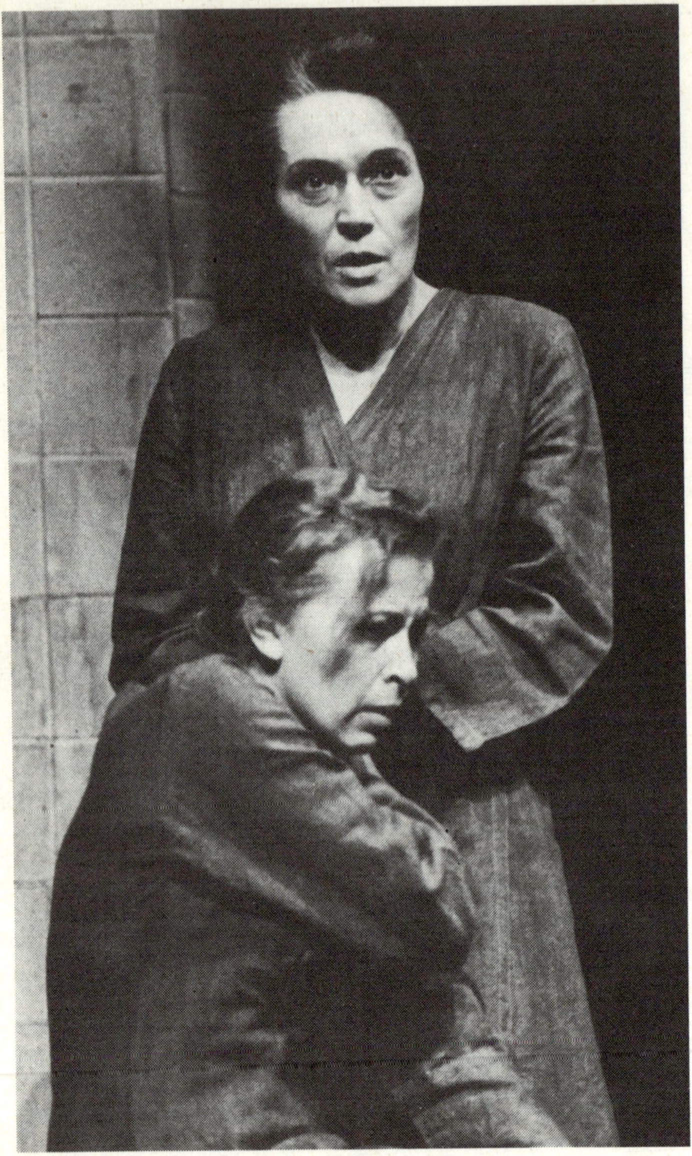

Marga Legal als Margret in Alfred Matusches Nacktes Gras *am Maxim Gorki Theater Berlin – 1959 – mit Helga Göring; Regie: Hans Dieter Mäde*

spielte. Regie führte Robert Trösch. Es folgten viele und ganz unterschiedliche Rollen unter zahlreichen Regisseuren, nein, abgestempelt für ein Fach war ich eigentlich nie. Unter Aribert Wäscher spielte ich die Turussina in Ostrowskis *Eine Dummheit macht auch der Gescheiteste*, unter Franz Reichert die Marquise in Goethes *Großkophta*, unter Kurt Jung-Ahlsen die Franchette in Goldonis *Brauthandel.* Bei Inge von Wangenheim hatte ich in *Ilja Golowin und seine Wandlung* zu tun, einem Stück von Michalkow, bei Franz Kutschera in *Verstand schafft Leiden* und in Howard Fasts *Dreißig Silberlinge*, bei Gottfried Herrmann spielte ich in *Menschen unserer Straße* von Peter Karvaš. Das waren große und kleine Rollen, komisch-handfeste und mütterlich-zarte, da waren die aristokratische Gesellschaftshyäne und die schlichte Sowjetbürgerin: ich habe mich um große Genauigkeit bemüht, die sozialen und individuellen Komponenten abgewogen, ich habe meine Welt- und Menschenkenntnis einbringen wollen. Andere müssen beurteilen, was mir dabei gelungen war und was nicht.

Wisten – bei dem ich unter anderem im *Armen Konrad* und im *Teufelskreis* zu tun hatte – war ein sehr guter Regisseur und ein besessener Theatermann. Er ging bei seinen Inszenierungen immer von einer klaren politischen und künstlerischen Konzeption aus, und er erläuterte sie den Schauspielern auf der ersten Probe. Das hatte ich früher nie kennengelernt, da gab es nur die Stellprobe, wo der technische Ablauf festgelegt wurde. Auftritte und Abgänge etwa. Wisten kam auch auf die letzten Proben der anderen Regisseure. Dann konnte er sein Temperament nicht zügeln, er griff in die Probenarbeit ein. Für die jeweiligen Inszenatoren mag das nicht angenehm gewesen sein. Wir Schauspieler haben sehr viel davon profitiert, er konnte nämlich den Rollen mit wenigen Worten Glanzlichter aufsetzen. Ich glaube, bei der Führung des Theaters war wohl Chefdramaturg Günther Ruschin sein gutes Gewissen, das ist oft übersehen worden.

Übrigens: mit meinem Vater hatte ich im Theater am Schiffbauerdamm nie zu tun. Er spielte dort die Hauptrolle in *Maschenka*, den Lewschin in den *Feinden*, und er inszenierte *Der Bauer als Millionär*, aber in diesen Stücken war ich nicht beschäftigt. 1955 ist er dann mit 74 Jahren gestorben, das ist gerade 25 Jahre her. »Ernst Legal gehörte zu jenen universellen Geistern, von denen es in einer Epoche nur wenige gibt«, schrieb Fritz Wisten im Nachruf, und Wolfgang Langhoff, an dessen Deutschem Theater er neben der Staatsopern-Arbeit auch tätig war, bekannte, »in seiner trefflichen Mischung von echter Poesie und trockener Selbstironie, von Kunst und Komödiantentum, Romantik und Altväterlichkeit« sei ihm Ernst Legal immer »als eine der anziehendsten und merkwürdigsten Persönlichkeiten der jüngeren Theatergeschichte« erschienen.

Ich habe das Theater am Schiffbauerdamm heiß geliebt. Als das Ensemble 1954 in die Volksbühne umzog, habe ich mich dort nicht eingewöhnen können. Das neue Haus schien mir zu groß, zu kalt, und eine schöne Rolle in *Anna Karenina* (Regie Werner Stewe) wurde dann zu meiner letzten Aufgabe.

Am Maxim Gorki Theater

Ich hatte inzwischen am Maxim Gorki Theater gastiert, in Maxim Vallentins *Dostigajew*-Inszenierung. Die Atmosphäre des Hauses, der Geist, der in diesem Ensemble herrschte, gefiel mir. So wechselte ich 1955 hinüber. Hier konnte man den Eindruck gewinnen, daß ein geschlossenes Kollektiv am Werke war, das etwas ausrichten wollte. Vallentin war aufgeschlossen gegenüber den Vorschlägen und Argumenten der Schauspieler, er verstand es, zuzuhören. Am *Zerbrochenen Krug* – ich war mit der Brigitte besetzt – haben wir zügig, heiter und mit großer Intensität gearbeitet. Auch *Dostigajew* und *Nachtasyl* (ich spielte dort zeitweilig die Kwaschnja) markierten wohl Höhepunkte der Val-

Marga Legal als Stella in Rummelplatz *von Ewan MacColl – 1961 – mit Jutta Hoffmann am Maxim Gorki Theater Berlin; Regie: Hans-Dieter Mäde*

lentinschen Regiekunst. Nicht alles gelang gut. Bei *Vertrauen* von Kornejtschuk haben wir uns ehrlich geplagt. Das Stück suchte, sehr rasch auf den XX. Parteitag der KPdSU zu reagieren, es war aktuell von der Problematik her, aber künstlerisch unausgereift. Wir fanden auf den Proben keine Lösungen, um das auszugleichen.

Besonders angezogen war ich von Hans-Robert Bortfeldt. Er bat mich gleich anfangs für die erkrankte Friedel Nowack in Ostrowskis *Der schöne Mann* als Apollinaria einzuspringen. Die Arbeit mit dem liebenswerten, feinsinnigen, phantasievollen Künstler machte unendliche Freude. Er hatte meine Sympathien in einem Maße, wie sonst nur einer: Max Burghardt. Das waren Menschen, da konnte man nur denken: Ach, so möchte ich auch sein. Das ganze Ensemble war zutiefst erschüttert, als Bortfeldt so plötzlich starb. Das war ein großer Verlust für das Theater.

Ein großer Reiz war damals das Nebeneinander von Hans Dieter Mäde und Horst Schönemann. Ich glaube, gemeinsam mit Vallentin und Chefdramaturg Gerhard Wolfram war das ein »Quartett« sehr unterschiedlicher Menschen, die sich einander aufs Glücklichste beeinflußt haben. Mäde verstand es, künstlerische Prozesse geschickt zu lenken und klug mit Schauspielern umzugehen.

Ich habe bei ihm die Sophie im *Clavigo* gespielt, eine kleine Rolle im *Lohndrücker* Heiner Müllers, die Margret in Matusches *Nacktes Gras*, die bösartig-mannstolle Kleopatra in Gorkis *Feinden* und die Kartenlegerin Stella in *Rummelplatz* von MacColl. Schönemann konnte die Darsteller zu großen Leistungen führen, er vermochte selbst negative Eigenschaften ins Produktive zu wenden. Ich habe mit ihm zusammengearbeitet in *Frau Jenny Treibel*, *Um neun an der Achterbahn* und *Seine Kinder.* Die Spannweite zwischen dem vertrödelt-liebenswerten Fräulein von Bomst und der Tante Säuberlich vom DFD ließ mich fühlbar werden, was Autoren wie Claus Hammel und Rainer Kerndl den Schauspielern zu bieten hatten.

Eines Tages gastierte Gerhard Klingenberg bei uns, der später als Direktor der Wiener Burg und des Zürcher Schauspielhauses bekannt wurde. Die Theaterleitung schätzte seine Inszenierung von Georg Kaisers *David und Goliath* (ich spielte Fräulein Juel) nicht sehr, sie war auch etwas oberflächlich und klamottig, aber uns Darstellern hat sie doch viel Spaß gemacht. Joan Littlewood aus London inszenierte *Unternehmen Ölzweig*; als Schönemann die Aufführung später aufpolierte, übernahm ich die Myrrhine. Bei Gaillard hatte ich die alte Martin in Sakowskis *Steine im Weg* zu spielen und bei Schulz-Wittan die Frau des Professors Poleshajew im *Stürmischen Lebensabend.* Auch das war eine schöne Zeit, immer neue, grundverschiedene Gestalten, und immer grübelt man, wie man mit dem Rollenmaterial das Leben in den Griff bekommt.

Mit meiner Gesundheit stand es damals nicht zum besten. Ich fürchtete, das Theater durch Krankmeldungen in Schwierigkeiten zu bringen. So löste ich meinen Vertrag, als ich das Rentenalter erreicht hatte. Ich wollte mich auf Gastrollen zurückziehen und auf die Arbeit bei Film und Fernsehen, da kann man seine Kräfte besser einteilen.

Ausblick

Nun, die Gastrollen haben sich auf die Kolontai in Schatrows *Bolschewiki* beschränkt. Die Darstellung der zaristischen Generalstochter, Volkskommissar unter Lenin und später Botschafterin der jungen Sowjetrepublik, bei Regisseur Fritz Bornemann hat mich sehr interessiert. Auch die DEFA hat mich seither nicht viel besser bedacht. Dabei hatte ich seit dem *Verurteilten Dorf*, in dem ich 1951 eine tragisch endende Bäuerin spielte, wohl in 35 Filmen zu tun. *Die Fahne von Kriwoi Rog, Schlösser und Katen, Neun Tage – neun Nächte* und *Tyll Ulenspiegel* waren darunter.

So werde ich heute im Funk, beim Synchron und vor allem im Fernsehen beschäftigt. Die Arbeit für den Bildschirm hat mir nicht nur viele schöne Rollen gebracht (zum Beispiel in *Wolf unter Wölfen, Die Bilder des Zeugen Schattmann, Schwester Agnes* und *König Ödipus*), sie ist gleichzeitig eine ausgezeichnete Selbstkontrolle. Eine Konfrontation nicht nur mit der eigenen künstlerischen Arbeit, sondern mit der Ausstrahlung der Persönlichkeit.

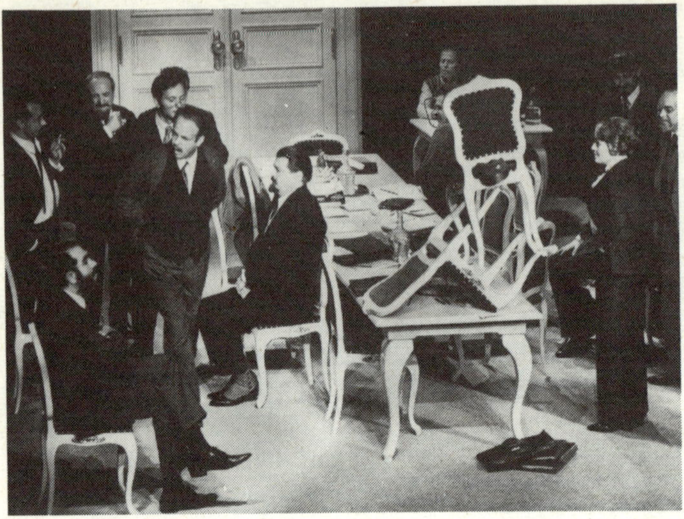

Marga Legal als Kollontai in Michail Schatrows Bolschewiki *am Maxim Gorki Theater Berlin – 1970; Regie: Fritz Bornemann*

Interessant war die Arbeit an einer siebenteiligen Serie *Der Abgeordnete.* Horst Drinda spielte da die Hauptrolle, und Walter Jupé war mein Partner.

Schauspieler zu sein, das bedeutet nicht nur Glück und Applaus, sondern vor allem viel Arbeit, hohe Konzentration und auch viel Kummer. Ob ich heute, da die jungen Menschen so viele verlockende Möglichkeiten haben, den Beruf noch einmal wählen würde? Selbstverständlich. Es ist die für meine Anlagen gegebenste Form, mich mit dem Leben auseinanderzusetzen. Was mich heute am Theater interessiert? Wie jüngere Menschen ihr Zeitgefühl einbringen. Wie zum Beispiel Alexander Lang Lessings *Miß Sarah Sampson* sieht, oder Friedo Solter den *Wallenstein* und wie Wolfram Krempel *Match* inszeniert und so weiter. Ich weiß selber, daß ich alt bin, und ich weiß, wie meine Generation denkt. Aber was jüngere Menschen als lebenswert empfinden, was sie kritisch sehen und wie sie mit den Problemen unserer Zeit fertig werden, wie sie das schließlich künstlerisch umsetzen, das interessiert und beschäftigt mich. Ich möchte meine eigenen Vorstellungen und Empfindungen messen an denen der Jüngeren. Man kann da schrecklich viel lernen. Natürlich wäre es schön, wenn die jüngeren Kollegen dafür unsere politischen Erfahrungen in sich aufnehmen könnten. Aber da bin ich skeptisch. Man kann sie doch nur theoretisch vermitteln, und da bleiben sie eben notwendigerweise blaß. Muß man nicht das Entsetzen am eigenen Leibe erfahren haben, muß es einen nicht körperlich gepackt haben? Möge das den Jungen erspart bleiben!

Meine Vorsätze? Meinen Humor will ich behalten, neugierig will ich bleiben auf alles, was im Leben passiert, abgeklärt will ich nie werden, und ein paar schöne Rollen möcht' ich noch spielen.

Aufgezeichnet von Hans-Rainer John

Lisa Macheiner

Mein Leben teilt sich in vier Phasen ein, und darum kommt es mir manchmal so vor, als wär' ich schon vierhundert Jahre auf der Welt. Die erste Phase, das ist meine Jugendzeit und der Beginn meines Berufslebens, also die Zeit vor dem zweiten Weltkrieg. Die zweite Phase ist die Zeit während dieses Krieges, die dritte die Nachkriegszeit, die vierte – die fast dreißig Jahre meines Lebens in der DDR.

Meine Ausbildung zur Schauspielerin war nicht gerade toll. Ich hab' so ein bißchen Schauspielunterricht gehabt bei einer Freundin meiner Familie. Dazu besuchte ich zwei Jahre die Ballettschule des Solotänzers von der Wiener Staatsoper. Schließlich wurde mir das alles aber doch zu langweilig. Also bin ich kurzerhand zu einem Agenten gegangen und hab' mich um ein Engagement bemüht. Ich war damals 17 Jahre alt, man sah mich noch als halbes Kind an, fragte mich: »Ja, was kannst du denn?« – »Ich kann ein bissel singen, ein bissel tanzen, und dann hab' ich mir auch was einstudiert ...« *Der Traum, ein Leben* war das, der Anfangsmonolog der Mirza. Den hab ich recht und schlecht vorgetragen ...

Der Agent sagte mir: »Du, da ist gerade der Direktor vom Innsbrucker Landestheater. Dem kannst du ja mal vorsprechen.« Das hab' ich auch gemacht, bin aber gleich beim zweiten Satz steckengeblieben, wahrscheinlich war ich doch zu aufgeregt. So hab' ich dann noch ein Liedchen gesungen. Das ging dann besser. Darauf sagte er: »Weißt du, eigentlich brauch' ich ja niemand mehr, aber du gefällst mir, ich nehme dich als Draufgab'!« Also, das war mein erstes Engagement.

Lisa Macheiner als Jenny (Mitte) in Brecht/Weills Dreigroschenoper *mit Hans Albers in den Kammerspielen München 1950/51; Regie Harry Buckwitz*

Die Zeit, bevor ich zum Theater gekommen bin, war in Wien wegen der großen Arbeitslosigkeit in den dreißiger Jahren keine sehr günstige. Die Theater in Österreich gingen oft pleite, und die Schauspieler bekamen ihr Geld nicht. Vor allem in Wien gab es oft mehr geschlossene Theater als offene, darunter so berühmte Häuser wie das Theater an der Wien oder das Raimund-Theater, an dem ich später auch mal gespielt habe. In dieser Zeit also trat ich mein erstes Engagement an – wie gesagt – in Innsbruck. Da blieb ich – schon der Stadt wegen, die ja eine der zauberhaftesten ist. Diese kleine Hauptstadt am Inn, mitten in den Bergen, an dieser ungeheuren Nordwand ... Für einen jungen Menschen ideale Bedingungen. Ich hab' gleich angefangen, Ski zu laufen, und wenn ich nicht im Theater beschäftigt war, war ich in den Bergen ... Am Anfang hatte ich nur kleine Sachen zu spielen. Die erste wirklich große Rolle war dann in der *Versunkenen Glocke* das

Rautendelein. Was konnte man mehr verlangen. Von da an spielte ich die drei Jahre, die ich in Innsbruck war, von der jugendlichen Naiven über die jugendliche Sentimentale, die Muntere im Lustspiel bis hin zur jugendlichen Salondame fast ohne Unterbrechung.

Im Sommer 1934 wurde ich für ein Volksstück ans Raimund-Theater in Wien verpflichtet. Da spielte auch Karl Paryla, und so lernten wir uns schon kennen in der Blüte unserer Jugend. 1936 hatte ich ein Gastspiel in Prag – *Die Zeiten sind schwer* von Bourdet. In diesem Stück spielte Friedrich Richter meinen Vater, einen armen Künstler, einen Maler ... Max Brod schrieb eine sehr gute Kritik über mich, und so wurde ich sofort fest engagiert. Drei Jahre blieb ich in Prag. Sie gehören mit zu den schönsten meines Lebens. Prag, diese wundervolle, alte Stadt, war ein Klein-Paris. Zehn Monate dauerte die Spielzeit, zwei Monate der Urlaub, aber das war auch notwendig, denn wir hatten alle drei, vier Wochen eine Premiere, und es gab nicht einen einzigen Schauspieler, der nicht beschäftigt war und der um Rollen hätte weinen müssen. Wenn ich nach einer Premiere das Haus verließ, dann lag beim Portier schon die Hauptrolle für das nächste Stück. Am folgenden Tag war schon Stellprobe. Man wurde ungeheuer gefordert an diesem Theater, konnte viel an sich und an anderen lernen, vor allem, weil das Prager Theater damals die letzte Bastion für die aus Deutschland emigrierten Schauspieler war. Sie kamen aus Berlin, Hamburg, Düsseldorf ... Für mich als junge Schauspielerin war es ein Glück, mit so berühmten Kollegen auf der Bühne stehen zu dürfen, mit Tilla Durieux oder Ernst Deutsch. Mit ihm spielte ich ein Fast-Zwei-Personen-Stück *Liebe eines Fremden*; ich sah Bassermann in verschiedenen Rollen gastieren, für mich bis heute unvergeßlich.

Das letzte Jahr, 1938, war dann allerdings das schlimme krisen- und ereignisreiche, das traurige Jahr, wenn diese Worte überhaupt genügen. Im September kam ja schon die

Lisa Macheiner – 1954 – privat

Hand Hitlers an die Gurgel der Tschechoslowakei. Durch die Abtretung des Sudetendeutschen Gebietes wurde die Situation in Prag so aufregend, unruhig und bedrohlich, daß wir die vierte Spielzeit nur noch beginnen konnten, und das auch nur unter dem Schutze der berittenen tschechischen Polizei, die um das damalige Deutsche Theater, das heute die Smetana-Oper ist, herumstand, um uns zu schützen, weil verständlicherweise die Wogen der Empörung in dieser Zeit schon sehr hoch gingen.

Am schlimmsten war die Lage der jüdischen Kollegen. Wir erlebten sehr traurige Dinge: Schauspieler, die selbstverständlich und großartig miteinander befreundet waren, distanzierten sich von einem Tag auf den anderen von ihren jüdischen Kollegen. Es wurde aber noch schlimmer, denn sie wurden in eine weitere Emigration getrieben. Schreckliche Vorfälle haben sich ereignet. Es kamen die ersten grausigen Berichte, zum Beispiel, daß der Chefredakteur des »Prager Tagblatts« sich mit seiner Frau umgebracht hatte, weil er keine Lebensmöglichkeit mehr für sich sah. Ich hatte einen ganz lieben alten Hausarzt – auch der nahm sich mit seiner Frau das Leben. Im Oktober 1938 wurde das Deutsche Theater geschlossen. Es waren die ersten Zeichen einer schlimmen Zeit, die bald in die Prager Katastrophe führen sollte.

Wir mußten endgültig aufhören, die letzte Vorstellung war *Don Carlos.* Ich brach also meine Zelte ab, löste meine Wohnung auf, und genau am 22. November fuhr ich »heim ins Reich«, denn in Wien waren ja seit März 1938 auch schon die Nazis. Ich blieb noch über Weihnachten zu Haus; dann kam ein Angebot aus München vom Volkstheater für eine Gastrolle in Goldonis *Kluger Närrin.* Ich habe angenommen und traf am 25. Januar 1939 in München ein. Aus dem anfänglichen Gastspielvertrag wurden Jahresverträge. Im September brach der Krieg aus. Wir spielten noch bis 1944, mußten aber wegen der furchtbaren Angriffe auf München aufhören. Das Theater fiel dann sowieso einem Bombenangriff zum Opfer. Zu dieser Zeit hatte ich auch bereits zwei Kinder und einen Mann und bin nach völligem Abbrand und nochmaligem Ausgebombtsein mit meinen Kindern aufs Land hinaus. Finanziell war ich glücklicherweise gesichert, denn ich war sozusagen »städtische Beamte«.

Das Volkstheater und die Kammerspiele waren die sogenannten Städtischen Bühnen in München. Ich bekam also meine Gage hinaus aufs Dorf, in der Nähe von Rosenheim. Geld hatte ich, aber sehr wenig zu essen. Nach Kriegsende, im August 1945, wurde ich nach München zurückgerufen, weil in den Kammerspielen (die den Krieg überstanden hatten) wieder Theater gespielt werden sollte. Ich bin dann auf einem Lastwagen mit meinen Kindern zurückgekehrt, was nur den Leuten erlaubt war, die einen Extra-Paß besaßen, denn es wurde unentwegt kontrolliert: »Have you pass?«

Das Stück, in dem ich mitspielen sollte, war *Die Hammelkomödie*, die altfranzösische Farce vom Advokaten Pathelin. Es war das erste Mal, daß in einem Münchner Theater der Vorhang wieder hochging. Ich spielte dann in den Kammerspielen weiter, unter anderem die Jenny in der *Dreigroschenoper* mit Hans Albers als Mackie Messer (Regie Buckwitz), in Schweikarts Inszenierung *Der Tod des Handlungsreisenden* mit dem großartigen Erich Ponto, in einem amerikanischen Zwei-Personen-Stück mit Axel von Ambesser. Fritz Kortner inszenierte nach seiner Rückkehr aus Amerika sein erstes Stück, das er auch selbst geschrieben hatte, mit dem etwas mißzuverstehenden Titel *Donauwellen.* Das Stück war aber besser als sein Titel. Wien in der Nachkriegszeit, der Zeit der vier Besatzungsmächte. Die Hauptfigur war ein Friseurladenbesitzer, bei dem die Besatzer alle aus- und eingingen, und Hans-Christian Blech spielte ganz zauberhaft einen sowjetischen Soldaten, hatte nur am Schluß einen Auftritt, aber der war hinreißend. Kortner hatte so einen »Mitläufer« in dem Friseur gezeichnet, den Willi Reichert darstellte. Ich spielte eine Wiener Baroneß, so etwas wie eine »Mitschläferin«, wie eine Kritik formulierte.

Kortner war bekanntermaßen sehr schwierig. Seine sehr treffenden, ironisch-bösen Bonmots sind ja in die Theatergeschichte eingegangen. Man hatte Glück, wenn er einen akzeptierte und nicht nach zwei Proben umbesetzte. Es

Lisa Macheiner als Frau Lomann mit Erich Ponto in Der Tod des Handlungsreisenden *von Arthur Miller – Anfang der fünfziger Jahre in den Hamburger Kammerspielen*

gab keine Vorstellung, wo Kortner nicht in der Garderobe erschienen ist und sehr eindringlich gesagt hat: »Sie haben an dieser Stelle nicht genau das gemacht, was ich wollte ...!« Ich habe bei ihm sehr viel gelernt, vor allem den ökonomischen Einsatz künstlerischer Mittel in großer Disziplin – ich lernte bewußter gestalten.

1956 ließ ich meine vertragliche Verpflichtung auslaufen, spielte nur noch im August in der Kleinen Komödie ein Lustspiel *Die liebe Familie* (Ida Wüst spielte meine Mutter), machte noch im Herbst ein Fernsehspiel *Der starke Stamm* von Luise Fleißer, löste meine Wohnung auf und übersiedelte in die DDR. Ich lebte einmal nur privat, ein Jahr lang. Das hat mir sehr gut getan, ich hatte das ja nie gehabt.

Der erste Kollege, den ich in Berlin traf, war Friedrich Richter, zufälligerweise in der Nähe vom Bahnhof Friedrichstraße. Ich erkannte ihn sofort, rief ihm zu: »Hallo, Friedrich!« Er hat mich auch gleich erkannt, obwohl einige Jahre zwischen unserer letzten Begegnung lagen, und sagte: »Was machst du denn hier?« Er hat gemeint, ich sei besuchsweise in Berlin. »Nein«, sagte ich, »ich bin ganz hier.« »Wo bist du engagiert, wo spielst du?« – »Nirgends.« – »Ja, aber du mußt doch spielen! Du bist eine gute Schauspielerin.« – »Na ja«, sagte ich, »ich will ja auch. Aber es braucht mich noch niemand.« – »Nun«, meinte er, »da muß ich sofort mit dem Langhoff sprechen!« Ob er das dann getan oder vergessen hat, weiß ich nicht. Es kam jedenfalls keinerlei Reaktion. Hingegen rief mich Ende des Jahres Günter Ruschin an, der damals bei Wisten Chefdramaturg war, ob ich Interesse hätte, in einem Nestroy an der Volksbühne eine Rolle zu übernehmen. Ich sagte ja. Dann hat mich Fritz Wisten zu sich kommen lassen und hat mir einen Vertrag angeboten. So bin ich in der Rolle der Frau von Cypressenburg eingestiegen in den *Talisman* an der Volksbühne. Jhering schrieb damals: »Berlin hat wie zur besten Reinhardt-Zeit wieder viele gute österreichische Schauspieler. Zu ihnen kam in dieser Aufführung Lisa Macheiner.« Über dieses freute ich mich natürlich, denn es war ja ein Neubeginn für mich hier in Berlin.

Ich blieb dann erst einmal an diesem Theater, bis mich Wolfgang Heinz für Harald Hausers *Weißes Blut* ans Deutsche Theater holte. Jetzt traf ich erneut Friedrich Richter und seine Frau Amy Frank, die ich ja ebenfalls aus Prag kannte. Wir spielten auch in mehreren Stücken wieder zu-

Lisa Macheiner als amerikanische Millionärin in Zwei Krawatten *von Georg Kaiser mit Dieter Mann – 1976 am Deutschen Theater Berlin; Regie: Friedo Solter*

sammen; aber das Lustige daran war, in Prag spielte er öfter meinen Vater, hier – fast 20 Jahre später – spielten wir Eheleute. So schnell altert eine Frau am Theater im Unterschied zum Mann. Also nach dem *Weißen Blut* folgte *Candida* von Shaw, das heißt, wir haben die Persiflage auf *Candida* gespielt: *Wie er ihren Mann belog*, Ulli Thein, A. P. Hoffmann und ich. Wir sind vom Publikum dafür fast gelyncht worden, weil wir gewagt haben, das schöne, an Emotionen und feiner Gartenlaubenstimmung reiche Stück *Candida* so gemein kaputt zu schlagen. Wirklich, das Publikum stand am Schluß nach diesem Einakter ziemlich empört da und klatschte fast überhaupt nicht. Wir haben's beinahe ein bißchen mit der Angst zu tun gekriegt. Deshalb haben wir uns dann gesagt: Nein, das hat keinen Sinn, wir verärgern nur die Leute – und hörten nach ein paar Vorstellungen auf.

Am Deutschen Theater habe ich dann in den über 20 Jahren meiner Zugehörigkeit noch in vielen Rollen auf der Bühne gestanden, hauptsächlich unter der Regie von Heinz, dem großen Lehrmeister. Eigentlich müßte jeder junge Schauspieler das Glück haben, bei ihm zu lernen, was der Schauspieler wirklich braucht als Fundus für seine ganze Laufbahn. Wir haben zum Beispiel bei den Proben von *Kirschgarten* geradezu darauf gewartet, zur Kritik in das Konversationszimmer zu gehen und den Heinz zu hören, wie er vorspielt, etwas erläutert mit soviel Geduld und Humor – das war ein großer, lehrreicher Genuß. Man bekam sozusagen die besten Ingredienzien geboten für das, was man da »kochen« sollte.

Lisa Macheiner als Kennedy in Schillers Maria Stuart *mit Jutta Wachowiak am Deutschen Theater Berlin; Regie: Thomas Langhoff*

Bei Solter ist es wieder ganz anders. Friedo muß man erst einmal etwas anbieten. Er hört sich das an, er nimmt, was er davon brauchen kann, er sagt einem, was er dazuhaben will, und auf dieser Basis arbeitet man sich dann durch den ganzen Probenprozeß. Das hat mir immer sehr gefallen, in den Inszenierungen von *Schwitzbad, Galoschenoper* oder *Zwei Krawatten*, die besonders Spaß machten. Natürlich war es auch anstrengend, vor allem die Tanzerei – für mein inzwischen erreichtes Rentenalter auch nicht alltäglich. Aber ich war ja schließlich in meinen jüngsten Jahren, wie ich schon erwähnte, in der Ballettschule und habe mir sicher dadurch körperliche Elastizität erhalten, an der freilich inzwischen auch schon vieles »abgebröckelt« ist, aber für die *Krawatten* war noch was übriggeblieben.

Ein Schlußwort? Ich glaube nicht, daß man ein Schlußwort setzen muß, weil ich finde, daß in unserem Beruf nie etwas zu Ende ist, und man kann nur hoffen, daß es einem auch weiterhin noch ein bißchen Spaß macht.

Aufgezeichnet von Ingeborg Pietzsch

Gerhard Meyer

Geboren bin ich in Chemnitz, während des ersten Weltkrieges. Werden sollte ich – erzogen in einem christlichen Elternhaus – Pfarrer. Sonntag für Sonntag bin ich während meiner Kindheit in die Kirche gegangen. Ich wußte genau, wer die Kantoren waren, wer besonders schön Orgel spielte und welcher Pfarrer besonders wortgewaltig und theatralisch seine Lehren an die Menschen bringen konnte.

Das Interesse für Theater hat später begonnen. Ins Theater bin ich natürlich schon als Kind gegangen – zum ersten Mal in ein Theater, das heute gar nicht mehr existiert, das Thalia-Theater, das war ein Sommertheater. Dorthin hatte mich eine meiner Tanten mitgenommen, damit ich mir *Max und Moritz* ansehen sollte, und da habe ich dann – als beim Lehrer Lämpel irgendwas explodierte – so fürchterlich geschrien, daß meine Tante mit mir fluchtartig das Theater verließ, weil sie sich ob meines Benehmens schämte.

Aber auch der erste Besuch eines Weihnachtsmärchens im Opernhaus ist total schief gegangen. Man hatte mir wohl eine große Freude bereiten wollen, hatte Karten für die erste Reihe gekauft ... Der Dirigent, ein junger Kapellmeister, später hier Generalmusikdirektor, der muß direkt vor mir gestanden haben – jedenfalls hatte er einen wehenden Haarbusch, und ich habe ihm die Haare festgehalten.

Also, meine ersten Theaterbesuche endeten entweder mit einem körperlichen Zugriff oder mit fürchterlichem Brüllen und fluchtartigem Verlassen des Zuschauerraumes.

Beides ist dann im Lauf der Jahre nur noch ab und an passiert. Auf dem Gymnasium habe ich hebräisch gelernt, weil ich ja Pfarrer werden sollte. Aber das war schon mehr eine Pflichtübung, weil zu dem Zeitpunkt, etwa von 1930 an – ich war fünfzehn Jahre alt –, meine Theaterleidenschaft begann. Meine Eltern hatten mich zum ersten Mal in eine Vorstellung für Erwachsene ins Schauspielhaus mitgenommen; *Nathan der Weise* wurde gespielt. Auf Schülerkarte für eine Mark bin ich danach – so oft das möglich war – zu den Vorstellungen gegangen, habe mir alle Klassiker, die im Repertoire waren, angeschaut, fast mit noch größerer Begeisterung das gesamte Opernrepertoire. Vor allem interessierten mich die Schauspieler, und zwar in gleichem Maße und aus gleichem Grund wie vormals die Pfarrer. Zu Hause habe ich zum Vergnügen der Familie oder meiner Freunde die Schauspieler nachgeahmt, ihre Rollen nachgesprochen. Schließlich bin ich heimlich zu einem Schauspieler gegangen, hab' vorgesprochen und ihm die Frage »Pfarrer oder Schauspieler« vorgelegt. Er ermutigte mich zum Theater mit dem Goethe-Wort »Ein Komödiant könnt' einen Pfarrer lehren« (daß das freilich nur zutrifft, wenn der Pfarrer ein Komödiant ist, hab' ich später im *Faust* gelesen).

Bevor ich das Abitur ablegte – hatte ich meinen Eltern erklärt: Ich werde nicht Theologe, ich will Schauspieler werden. Sie waren nicht entzückt, haben mir aber auch keine Hindernisse in den Weg gelegt. Das Geld für Privatunterricht verdiente ich mir Abend für Abend durch Statisterie im Schauspielhaus und im Opernhaus, manchmal an einem Abend erst in dem einen, dann im anderen Haus, das brachte doppeltes Geld. Und dann trat in mein Leben der »Onkel aus Amerika«. Der Bruder meiner Großmutter war in Neukirchen bei Chemnitz Strumpfwirker gewesen und gehörte zu denen, die nach Amerika auswanderten und auf Grund ihres Könnens und ihrer Tüchtigkeit dort Dollarmillionär wurden. Dieser Onkel kam 1936, im Jahr der Olympiade, nach Deutschland und machte mir das Angebot, ich solle mit nach Amerika gehen und dort in sein Geschäft eintreten. Das klang zwar verlockend; ich aber wollte nicht, ich wollte zum Theater. Da hat sich der Dollarmillionär entschlossen und großzügig gesagt: »Na gut, wenn du unbedingt auf eine Schauspielschule willst, dann werde ich dir das bezahlen.« Ich selbst hätte das Geld für eine Schule nicht aufgebracht, auch meine Eltern konnten mir ein solches Studium nicht finanzieren. Der Onkel hat mir dann ein Jahr lang monatlich 200,– Mark zur Verfügung gestellt, was damals verhältnismäßig viel Geld war. (95,– Mark war übrigens die Höhe des zu zahlenden Schulgelds.) Ich bin nach Berlin zur Schauspielschule des Deutschen Theaters gefahren, habe Karl Moor und Prinz von Homburg vorgesprochen und wurde angenommen. Die Ausbildung dauerte damals zwei Jahre, aber ich wurde in die Fortgeschrittenen-Klasse eingestuft, so daß ich nur ein Jahr an der Schule sein mußte. Gewohnt habe ich in der Albrechtstraße 22, ganz nah beim Theater. Es war eine wunderbare Zeit für mich.

Die Sprecherzieherin, eine Frau Hahn, die kannte noch Kainz; einer der Lehrer, Richard Gerner, war Assistent bei Reinhardt gewesen; unsere Vorspiele wurden von damals berühmten Schauspielern des Deutschen Theaters besucht: so von Gertrud Eysoldt, von Erich Ponto, Heinz Rühmann, von Heinz Hilpert, Theodor Loos. Wir waren sieben Jungen und fünf Mädchen in der Klasse. Ich, der der körperlich Größte war – das galt etwas, wir lebten ja in einer »heldischen« Zeit –, ich mußte aus diesem Grunde immer die Heldenrollen spielen: Faust und Karl Moor, Hauptmanns Glockengießer Heinrich und so weiter. 1937 habe ich meinen Abschluß als Schauspieler gemacht, und nun ergab sich die Frage, wohin ins Engagement? Ich ging zum Agenten, wie das damals üblich war – und da kam das erste Erschrecken. Seine Einschätzung war nämlich so: »Ja, Herr Meyer, ich kann Sie leider nicht vermitteln, mit der spitzen Nase und dem fliehenden Kinn können Sie doch allenfalls Komikerrollen spielen.« So habe ich dann »hochgestimmt« und »erwartungsfroh« an 45 Intendanten deutscher Bühnen Bewerbungsbriefe geschrieben und Fotos beigelegt. 38 haben nicht geantwortet. Sieben haben mir geschrieben, fünf mit nein, zwei mit ja. Die eine Antwort kam aus Schwerin, die andere aus Döbeln. Ich bin natürlich sofort nach Schwerin gefahren. Der damalige Generalintendant empfing mich mit den Worten: »Ach, Herr Meyer, Sie kommen vollkommen umsonst. Ich gehe weg aus Schwerin, gehe nach Wiesbaden, dort habe ich keine Vakanz und ob mein Nachfolger nun an Ihnen interessiert ist, weiß ich nicht. Ich rate Ihnen, schauen Sie sich anderweitig um.«

So landete ich schließlich doch in Döbeln. Ich erhielt ein Anfänger-Engagement mit Chorverpflichtung für die Operette, 90,– Mark Brutto-Gage. Mein erstes Auftreten in einer Berufstheater-Gruppe war allerdings schon vorher erfolgt. In Chemnitz existierte außer den Städtischen Theatern auch noch die Sächsische Wanderbühne. Da hatte ich schon 1935 in einer *Räuber*-Aufführung den Kosinsky gespielt, noch als Schauspielschüler. Ich war kostümiert wie aus dem *Zarewitsch* entlaufen, wie ich gespielt habe, ich erinnere mich nicht …

Döbeln – das war ein Sechsmonatsengagement. Der Vertrag ging vom 1. Oktober bis zum 30. März und wurde dann, weil die Spielzeit gut gelaufen war, um 20 Tage verlängert. Ich habe damals in der kurzen Zeit 186 Vorstellungen gespielt – kleinere, größere, große Rollen –, ich war überall dabei.

Ich hatte, was die Engagementsorte betrifft, immer Wunschträume, wollte nirgends länger als zwei, drei Jahre bleiben, wollte in den Norden oder den Süden. Als ich anfing, sagte ich mir: Mein letztes Engagement muß sein – nicht Berlin, solche Rosinen hatte ich nicht, sondern Konstanz am Bodensee, und bis dahin muß ich soviel verdient haben – so war mein Vorsatz –, daß ich dort ein Haus mieten kann. Die Landschaft gefiel mir so sehr … Nun, es ist inzwischen anders gekommen. Ich bin von Döbeln wieder nach Chemnitz gegangen, war vorwiegend in der Operette

Gerhard Meyer als Oginski in Elga *von Gerhart Hauptmann – 1947 am Stadttheater Freiberg – mit Inge Keller*

beschäftigt, hab' junge Männer gespielt und im Schauspiel kleine Rollen. Aber in den zwei Monaten dieses Engagements war nicht viel zu machen, denn im November 1938 wurde ich eingezogen. Ich hab' den Krieg in all seiner Grausigkeit erlebt, bin verwundet gewesen, dem Krieg schließlich kurz vor seinem Ende entlaufen. Wir waren zuletzt im sogenannten Ruhrkessel. Ich war inzwischen Reserveoffizier geworden. Aus den Nachrichten erfuhr ich, daß die sowjetischen Truppen bereits weit vorgedrungen waren und die Amerikaner schon Thüringen erreicht hatten. Ich habe meine Kompanie entlassen, habe gesagt, ich hätte gehört, daß in Iserlohn der General die ganze Garnison übergibt und in Gefangenschaft geht. Wer das wünsche, solle nach Iserlohn gehen. Ich selbst hätte dazu keine Lust, ich würde versuchen, mich nach Hause durchzuschlagen, und wer das ebenfalls wünsche, solle mitkommen … Ich bin dann vom 14. April bis zum 14. Mai nach Chemnitz gelaufen, in der Hoffnung, daß meine Eltern noch lebten …

Zurückblickend kann ich heute resümieren: Geboren im ersten Weltkrieg, wurde ich in den zweiten Weltkrieg hineingestoßen, bin mit meiner Generation diesen Irrweg gegangen und wußte 1945 nicht, wie es weitergehen würde. Ich war nur froh, davongekommen zu sein. Zugleich war ich aber überzeugter Pazifist, weil ich den Krieg so grauenvoll erlebt hatte, daß ich schon meinte, diese Schrecken dürften sich nie wiederholen. Ich wollte nicht umsonst überlebt haben. Aber was man selbst dazu tun könnte, war mir noch absolut unklar.

Im Mai 1945 habe ich dann hier in Chemnitz die erste Versammlung der sich wieder formierenden Schauspieler, Sänger und Musiker erlebt. Ich erhielt eine Arbeitsbescheinigung, eine Lebensmittelkarte. In diesem Haus, in dem ich jetzt arbeite, habe ich am ersten Tag, wo enttrümmert wurde, mitgeholfen, Trümmer wegzuräumen. Niemals daran denkend – und auch nicht wollend! – hierher zurückzukehren. Dann bin ich, als da Ende Mai am Schwarzen Brett ein Zettel klebte, daß das Stadttheater Freiberg, unzerstört, seine Pforten schon im Juni wieder öffnen würde und Schauspieler aller Fächer suche, zu Fuß nach Freiberg gelaufen und habe dort vorgesprochen. Wurde auch engagiert. Daß diesen Zettel am Schwarzen Brett Anny Stöger – meine spätere Frau – gemeinsam mit Inge Keller – damals in Chemnitz engagiert, Freundin dieser Jahre und heute noch – angeheftet hatte, das hab' ich erst später erfahren. So hat (ungekannt) unser Kontakt begonnen.

In Freiberg bin ich dann doch länger geblieben, als ich ursprünglich wollte – vier Jahre lang. Damals war dort ein recht gutes Ensemble, weil die unzerstörte Stadt mit ihrem unzerstörten Theater ein Sammelpunkt für viele war, die versuchten, einen neuen Lebensabschnitt zu beginnen, und die Freiberger waren ein hinreißendes Publikum. Das Theater war jeden Abend voll besetzt. Man war bekannt in der Stadt, wurde in den Geschäften erkannt. Die Leute halfen einem über die schwierigen Probleme der Lebensmittelversorgung hinweg. Die Jahre waren gut – eben aus dem Gefühl heraus, man ist davongekommen, man kann endlich wieder Theater spielen, man arbeitet mit gleichgesinnten Kollegen –, wir haben viel gelacht in der Zeit, waren froh und voller Hoffnung. Man bekam eben statt Blumen einen Kohlkopf oder ein Bund Möhren geschenkt. Dort bin ich auch einem Mann begegnet, der eine große Rolle in meinem Leben spielen sollte; er war Stadtkommandant von Freiberg, Gardeoberst und Held der Sowjetunion. Dieser Mann hat mir, der ich als Soldat auch in der Sowjetunion gewesen war, dadurch, daß er mir die Möglichkeit einräumte, ganz offen über vieles zu sprechen, was mich auf den Irrweg meiner Generation in den Krieg geführt und was ich erlebt hatte, Mut gemacht, später, nach vielen Jahren wieder in dieses Land zu reisen. Jahrzehnte später sogar, als Regisseur der ersten *Faust*-Aufführung in Sibi-

Gerhard Meyer in John Priestleys Ein Inspektor kommt *mit Anny Stöger – 1948 am Stadttheater Freiberg*

rien, in unserer Partnerstadt Irkutsk. Ich konnte mich freisprechen von vielem, weil er mich wie einen Menschen behandelte, der zwar einen Irrweg mitgegangen war, dem er aber vertraute und half, einen neuen Weg einzuschlagen. Aus dieser damaligen Bekanntschaft hat sich eine Freundschaft entwickelt, die bis heute reicht.

Hilfreicher Lebenspartner wurde vor allem meine Frau.

Sie hat einen ganz anderen Entwicklungsweg zurückgelegt als ich. Sie ist in einem kleinen Dorf – 30 Kilometer südlich von Wien entfernt – geboren. Ihr Vater war Arbeiter, wurde von den Nazis zu 12 Jahren Zuchthaus verurteilt, war im KZ. Sie ist ein Arbeiterkind, damals mit einer anderen Sicht als ich auf die Dinge der Welt. Wir haben über Probleme gesprochen, die mir bis dahin vergleichsweise fremd gewesen waren, und sie half mir auf der Suche nach einem neuen Weg. Sie liest leidenschaftlich gern, und wir haben in den Nachkriegsjahren mehr gelesen als je vorher und (leider) auch danach. So ist meine Entwicklung in jenen Jahren ganz wesentlich durch den sowjetischen Kommandanten, durch meine Frau und durch die Literatur beeinflußt worden. Alles, was an Weltliteratur mir bis dahin nicht bekannt und nicht zugänglich war, wurde gelesen, erregende Begegnungen mit einer neuen Gedankenwelt. Die russischen Klassiker – Puschkin, Gogol, Gorki – oder Romain Rolland mit dem *Johann Christoph* wurden bald zu Lieblingsautoren.

In Freiberg habe ich viel gespielt, alles, was man sich an großen und schönen Rollen nur wünschen kann – die bösen jungen Charakterrollen: den Wurm, meine Frau die Luise; den Jago, sie die Desdemona; den Mephisto, sie das Gretchen … Das blieb nicht ohne Folgen. Als wir heirateten, wurde von den Leuten geäußert: »Der gräßliche Meyer heiratet die nette, kleine Stöger.« Na ja, mich hat's nicht gestört, und sie ist trotzdem bei mir geblieben! In Freiberg hab' ich auch zum ersten Mal inszeniert. Mit meiner Frau in der Titelrolle Zuckmayers *Katharina Knie.* Dann hab' ich den *Tasso* erarbeitet und meinen ersten Gorki, *Nachtasyl,* Grundstein für meine Liebe zu Gorkis Werk, zur Sowjetdramatik.

In uns beiden war aber trotz der Erfolge, Gott sei Dank, soviel Kritik und Selbstkritik wach, daß wir das Gefühl hatten, es läuft alles zu glatt, wir müssen weg. Zunächst hat sich das noch etwas verzögert, weil unser Junge in Freiberg zur Welt kam, aber 1949 hab ich's geschafft und bin nach Leipzig engagiert worden, meine Frau 1950 nach Berlin. In Leipzig saß ich in der Garderobe mit dem Albert Garbe und dem Martin Flörchinger, das waren herrliche Kollegen – auch Max Bernhardt, Heinz Hinze. Ich war von Schauspieldirektor Albert Fischel engagiert worden, aber als ich das Engagement antrat, war er bereits in Stuttgart. An seiner Stelle stand Johannes Arpe, ein großer, kraftvoller Mann und Schauspieler; ich zu der Zeit ein hagerer, blasser »Intellektueller«. Als wir uns begegneten, ahnte ich schon, das wird nicht gut gehen. Und so wurde es auch. Im September 1949 hatte ich das Engagement angetreten, am 31. Januar 1950 kam mittags der Theaterbote und brachte den berüchtigten, befürchteten blauen Brief. Zu diesem Zeitpunkt hatte ich aber noch nichts von Belang gespielt. Ich erzählte von meinem Pech in der Garderobe ... Damals sollten gerade *Die Ratten* inszeniert werden. Regie: Arpe; Flörchinger war mit dem Spitta besetzt. Er war der Meinung, das wäre gar nicht seine Rolle, ich müßte die spielen. Ging deshalb zu Arpe, der wollte nicht recht, ging dann zu Karl Kayser, der damals BGL-Vorsitzender war und in der *Ratten*-Inszenierung den Bruno Mechelke spielte. Die BGL setzte durch, daß ich den Spitta spielen durfte, ehe die Kündigung endgültig ausgesprochen würde. Ich hab' dann – mit Christa Gottschalk als Walburga – den Spitta probiert, bin erfolgreich gewesen und bekam noch vor der Premiere die Mitteilung, daß mein Vertrag um ein weiteres Jahr verlängert würde. Von da an wurde die Situation in Leipzig für mich besser. Ich habe ganz gut zu tun bekommen. Aber zufrieden war ich weder mit dem, was ich an Arbeit bekam, noch mit dem, was ich an Arbeit einbringen konnte, ich wollte mehr.

1951 war in Berlin eine Reihe von Schauspielern an das damals neu eröffnete Schiller-Theater gegangen, und der Intendant des Deutschen Theaters, Wolfgang Langhoff, mußte sich Mitarbeiter suchen, die die entstandenen Lük-

Gerhard Meyer als Brun in Marcel Pagnols Zum Goldenen Anker *Städtische Theater Leipzig – 1950*

ken ausfüllen sollten. Auch in Leipzig sah er sich verschiedene Vorstellungen an. Und ich hatte das Glück, als Schauspieler und Regiemitarbeiter engagiert zu werden. Ich war selig! Damit begann eine meiner schönsten Theaterzeiten, eine herrliche, eine nützliche Zeit, eine Zeit glückhafter Begegnungen mit bedeutenden Künstlern und Menschen, die mir zu Vorbildern wurden in Fragen der Haltung zum Leben, der Haltung zum Beruf, in ihrem politischen Engagement, durch ihre künstlerische Meisterschaft und ihre Aufmerksamkeit für den Menschen neben sich – und all das, ohne je oder beständig auf die eigene Bedeutung hinzuweisen.

Meine erste Arbeit dort freilich war furchtbar. *Der Geizige*, den Willi Schmidt mit Aribert Wäscher in der Titelrolle inszeniert hatte, wurde in einigen Rollen umbesetzt, zum Beispiel übernahm eine der Liebhaberinnen Gisela May, und ich wurde als Assistent für die Aufführung eingeteilt, für die es keinen Regisseur mehr gab. Der ursprünglich eingeteilte Regieassistent war auch nicht mehr da ... Ich wurde zu Gertraud Last gerufen, der Leiterin des KBB des Deutschen Theaters, die mir ein eingerichtetes Regiebuch in die Hand drückte, und sollte sechs Rollen im *Geizigen* umbesetzen.

Ich hatte das Stück nie gesehen, überhaupt keine Beziehung zu Molière und war voll schlimmer Befürchtungen. Daß es dann überhaupt zu einer Wieder-Aufführung gekommen ist, verdanke ich ausschließlich der Haltung der alten berühmten Schauspieler wie Elsa Wagner, Aribert Wäscher, Friedrich Maurer, die meine prekäre Situation erkannten und mich auf die zauberhafteste Weise unterstützten. Das habe ich bei Leuten mit großem Namen dann immer wieder erlebt, und ich kann von dieser Arbeitshaltung gar nicht genug schwärmen.

In erster eigener Regieassistenz habe ich dann bei Ernst Legal mitarbeiten dürfen, der den *Eingebildeten Kranken* mit Willy A. Kleinau in der Titelrolle inszenierte. Legal war nicht nur ein faszinierender Schauspieler, sondern auch ein hochgebildeter Mann voll menschenfreundlicher Herzlichkeit, von dem ich viel gelernt habe. Wenn er etwas vorspielte, wünschte man sich, er müßte das ganze Stück allein spielen. Das ist mir später nur noch einmal als Assistent bei Curt Bois begegnet. Legal hatte eine Sympathie für mich, und beinahe hätte es wieder einen Drehpunkt in meinem Leben gegeben. Denn eines Nachmittags bestellte er mich zu sich. Er war ja damals Intendant der Deutschen Staatsoper und bot mir – da er um mein Interesse für den gesamten Theaterapparat, für die Musik, für die Oper wußte – die Stelle eines engen Mitarbeiters in der Staatsoper an. Ich habe aber – trotz meiner großen Liebe zum Musiktheater – nein gesagt, weil ich mich so unendlich wohl am Deutschen Theater fühlte, dort auch viel zu tun hatte. Große Rollen, kleine Rollen, kleinste Rollen habe ich oft kurzfristig übernommen oder gespielt. Als Assistent wurden mir häufig die Gastregisseure zugeteilt, die meist gleich nach der Premiere verschwanden und deren Aufführungen ich dann über Jahre weiter betreuen mußte.

Sehr wichtig für mich war die Arbeit mit Wolfgang Langhoff am *Julius Fučik,* mit Ernst Busch in der Titelrolle, eine Begegnung, die sich von Jahr zu Jahr mehr zu einer Freundschaft ausweitete. Meine Frau, die weg wollte vom Fach der jungen Mädchen, bewarb sich, als eine Umbesetzung notwendig wurde, um die Rolle der Gusta Fučikova. Langhoff verwies sie an Ernst Busch. Wenn der einverstanden wäre …

Die Proben habe ich dann mit Busch und meiner Frau zusammen gemacht. Da habe ich erneut erlebt, wie ein großer Schauspieler arbeitet, nämlich, als ob er dem Stück neu begegnet. Hilfreich und sich voll auf eine neue Partnerin einstellend, offen für Anregungen, kritisch dem Partner und sich selbst gegenüber, verhalf er ihr zu einem großen Erfolg.

Es war überhaupt eine Zeit an diesem Theater, in der es

Mißgunst eigentlich nicht gab, vielmehr Freude am Erfolg des anderen und Mit-Leiden, wenn etwas schief ging. 1954 kam es zur ersten Arbeitsbegegnung mit Wolfgang Heinz, dem ich bei seiner großartigen Gorki-Inszenierung *Somow und andere* als Assistent zugeteilt war; wiederum ein solch glückhafter Zufall, der nicht ohne Folgen bleiben sollte. Gemeinsam mit meiner Frau, deren Eltern wir in Österreich besuchen konnten, waren wir auch bei ihm in Wien. Da erzählte er mir von seinem Theater, dem Neuen Theater in der Scala, und daß er es doch ungleich schwerer habe als Langhoff, der neben sich noch den Jhering und den Kipphardt und den Kohls habe, während er praktisch alles allein machen müßte. Ich hatte einen ganz kleinen Schwips – wir hatten einen ungarischen Schnaps getrunken, und es war ein heißer Tag – und so sagte ich: »Wissen Sie, ich verstehe gar nicht, warum das für Sie so schwer ist. Da komme ich doch einfach her und helfe Ihnen.« Darauf entgegnete er ernsthaft: »Ja, mein Lieber, das wäre sehr schön.« So kam es ab September 1954 zu meiner Arbeit an der Scala, als enger Mitarbeiter von Heinz, mit Zustimmung der Kulturabteilungen beim ZK der SED und der KPÖ und durch das Ministerium für Kultur der DDR. Wunsch und Ziel war, nach meiner Rückkehr ein Theater in der DDR zu übernehmen.

Die zwei Jahre Wien waren wiederum eine wunderbare Zeit. Ich kam ins Theater, ging in Heinz' Direktorzimmer und begrüßte ihn: »Guten Tag. Da bin ich. Wo werde ich denn nun sitzen, in welchem Arbeitsraum?« Da stand er von seinem Stuhl auf, leitete mich dorthin und sagte: »Hier. Und ich werde nur kommen, wenn es notwendig ist.« Von diesem Stuhl aus habe ich dann wie sein Adjutant gewirkt, versucht, mit guter Arbeit sein Vertrauen zu beantworten, habe ihm vieles abnehmen können und viel dabei gelernt, fast alles, was einem so als Theaterleiter begegnet. (Inzwischen weiß ich, daß man da wohl nie auslernt und vor immer neuen Überraschungen steht!) Ich

Gerhard Meyer als Rauch in Kasimir und Karoline *von Ödon von Horváth mit Ernst Zillmann – 1968 an den Städtischen Theatern Karl-Marx-Stadt; Regie: Wolfram Krempel*

habe auch inszeniert, gemeinsam mit Otto Tausig eine Dramatisierung von Heinrich Manns *Professor Unrat*, hab' gespielt – so in der letzten Scala-Aufführung, dem *Galilei*, bin – als ein Schauspieler erkrankte – von früh auf nachmittags als Burleigh, den ich in Freiberg einmal gespielt hatte, eingesprungen in der *Maria Stuart* (die Pelikowsky spielte die Maria, Hortense Raky die Elisabeth). Ich habe unendlich viel Theater gesehen in den zwei Jahren – nicht nur Inszenierungen an Wiener Theatern, der Burg, dem Theater in der Josefstadt, sondern auch Gastspiele, so die Comedie Française, das Piccolo Theater. Es war eine Zeit, die mich ungeheuer bereichert hat. Wien war ja immer eine Stadt großer Schauspieler; wie viele davon habe ich dort bewundern können: Hans Moser, die Thimigs, Käthe Gold, die ich schon von Berlin her verehrte, oder Paula Wessely, Karl Paryla als Fedja in *Der lebende Leichnam*.

Die Frage war, wie geht es weiter? Ich hatte mich von Wien aus an Alexander Abusch gewandt und um Vermittlung gebeten; zunächst kam aber kein rechtes Angebot zustande. Deshalb arbeitete ich vorläufig – wie schon vormals während meiner Assistenzzeit am Deutschen Theater – an der Schauspielschule Berlin. Bis dann das Angebot Potsdam kam; dieses Theater habe ich am 1. Januar 1957 als Nachfolger Ilse Rodenbergs übernommen. Zehn wiederum sehr schöne Jahre meines Berufslebens folgten. Ich begegnete vielen jungen begabten Schauspielern oder lernte sie kennen als Studenten der Filmhochschule, wo ich ebenfalls unterrichtete. Eine Reihe von ihnen konnte ich ans Hans-Otto-Theater verpflichten; viele sind später nach Berlin gegangen, stehen heute in der ersten Reihe der Berliner Bühnen.

Die Zeit in Potsdam war eine rundum gute Zeit, und ich hätte vielleicht bis an mein Lebensende in Potsdam bleiben mögen und bleiben können. Aber es sollte nicht sein, und das war gut so. Ich war in Berlin zu einem Gastspiel von der Littlewood, begegnete dort einem Genossen, und der sagte zu mir: »Weißt du schon, daß du nach Karl-Marx-Stadt sollst.« – »Was«, hab' ich entsetzt gerufen, »um Gottes willen, da will ich nicht hin!« Hans Dieter Mäde hatte mich für Karl-Marx-Stadt in Vorschlag gebracht, und bald darauf erfuhr ich vom Stellvertreter des Ministers für Kultur, Kurt Bork – was war das für ein Theaterminister, wie kannte er seine Intendanten, wie stand er ihnen mit Rat und Tat zur Seite! –, daß ich tatsächlich dorthin berufen werden sollte. Ich wollte nicht, aber ich hab' mich schließlich doch überreden lassen. Weil ich mir sagte, daß ich mich nicht auf Erfolgen ausruhen dürfte, daß es vielleicht auch für mich notwendig sei, sich noch einmal einer neuen Aufgabe, einem neuen Ensemble und einem neuen Publikum zu stellen. Darum bin ich nach Karl-Marx-Stadt gegangen.

Die Anfangsjahre waren kompliziert. Das Ensemble be-

Gerhard Meyer als Wilhelm in Denkmal *von Jürgen Groß mit Heike Jonka und Heinz Hupfer – Städtische Theater Karl-Marx-Stadt 1982; Regie: Siegfried Höchst*

gegnete mir teilweise mit Skepsis, die Stadt schien das Wort vom Propheten, der in seiner Heimat nichts gilt, wahrmachen zu wollen; doch ich bin eben kein Prophet, wollte nie ein Kunst- oder Theaterpapst sein; nein, ich kenn', denk' ich, vielmehr meine Schwächen recht gut, ich kenn' aber auch meine Stärken. Und zwei meiner Stärken sind, glaube ich, Zähigkeit und Geduld. Ich habe mich von mancher Widrigkeit nicht erschüttern lassen, habe durchgehalten, und die Verhältnisse hier, in meiner Heimatstadt, haben sich schließlich auch sehr zu meinen Gunsten verändert. Im Laufe der Jahre habe ich ein gutes Verhältnis zu den einzelnen Kollektiven gewonnen; zum Schauspielerensemble, mit dem ich zum Beispiel die DDR-Erstaufführung von Rostschins *Valentin und Valentina* und *Transportzug*, von des Sibiriers Wampilow *Letzten Sommer in Tschulimsk* und *Die Entenjagd* erarbeiten konnte; zu unserem Orchester, mit dem gemeinsam ich 1983 das 150jährige Jubiläum feiern konnte; zum Musiktheater, dem ich neue Erlebnisse mit neuen Opern danke; zum Ballettensemble, mit dem ich Höhen und Tiefen und neue Hoffnungen miterlebte und teilte; zu den Kollegen der Technik, der Werkstätten, der Verwaltung, deren Arbeit ich auch darum hoch schätze, weil ich sie nicht machen möchte; zu allen Mitarbeitern, zu den freundlichen und zu den schwierigen, denen ich mich besonders verbunden fühle, vor allem, wenn sie selbst Verständnis für andere Schwierige zeigen.

Einstmals hatte ich mir einen Lebensabend in einer schönen Landschaft gewünscht. Heute würde ich mir vielmehr wünschen, ich wäre noch so jung, daß ich noch einmal an einem anderen Theater neu beginnen könnte. Aber das ist natürlich ein unerfüllbarer Wunsch ...

Aufgezeichnet von Ingeborg Pietzsch

Erika Pelikowsky

Warum ich zum Theater wollte? Weil ich mich verliebt hatte in Hans Albers. Er gastierte in Wien als Liliom. Ich war noch ein kleines Mädel, und von seinem Liliom war ich ganz hin. Ich bin sogar zum Bühnentürl gegangen. Da sah ich einen mittelgroßen Herrn mit wenig Haaren – eigentlich etwas enttäuschend. Aber als Liliom war er hinreißend, erwachsene Frauen haben ihm Rosen auf die Bühne geworfen.

Nein, also ernsthaft, es war so: Ich habe immer gern Gedichte gelesen. Aber ich habe schlecht rezitiert, weil ich sehr schüchtern war. Später haben wir in der Schule Stücke mit verteilten Rollen gelesen. Komischerweise sind da meine Hemmungen weggegangen, wohl, weil man sich hinter einer Figur verstecken konnte. Da wollte ich schon zum Theater. Meine Eltern waren natürlich entsetzt. Wir waren eine kleinbürgerliche Familie. Meine Mutter ist also zu meiner Deutschlehrerin gegangen: »Das Mädel ist verrückt, sie soll doch Lehrerin werden.« Aber die Professorin, eine sehr kluge und verständnisvolle Frau, hatte längst etwas gemerkt, und sie sagte: »Wieso denn, Theater ist doch etwas sehr Schönes.«

Die Aufnahmeprüfung am Reinhardt-Seminar habe ich heimlich gemacht, im Jahr vor dem Abitur. Das letzte Schuljahr bin ich früh zur Schule gegangen und nachmittags ins Reinhardt-Seminar. Wir hatten gute Dozenten: Professor Kalbeck, der Regisseur am Theater in der Josefstadt war, Emil Geyer, vormals Direktor am gleichen Theater, Otto Ludwig Preminger, der dann nach Hollywood ging …

Die Ausbildung war anders als hier und heute. Sie dau-

Erika Pelikowsky als Patrick Campbell in Jerome Kiltys Geliebter Lügner *mit Herwarth Grosse in den Kammerspielen des Deutschen Theaters – 1965; Regie: Wolfgang Heinz*

erte zwei Jahre. Zunächst arbeitete man allein: Gedichte oder Monologe oder – zusammen mit anderen Studenten – kleine Szenen. Man meldete sich bei dem Dozenten an, bei dem man vorsprechen wollte, der hat es sich dann angesehen und ausführlich beurteilt. Regelmäßig hatten wir Sprechunterricht, Turnen und Tanzen und etwas Theatergeschichte. Außerdem durften wir zu jeder Premiere – ganz oben auf den Olymp. Das war das erste Jahr.

Im zweiten Jahr, gleich im Sommer, haben wir bei den Salzburger Festspielen mitgemacht, natürlich nur Statieren oder winzige Rollen. Ich habe bei Max Reinhardt im »Faust« die Halbhexe in der Walpurgisnacht spielen dürfen. Die spricht, glaube ich, fünf Sätze. Das war ein großes Erlebnis. An der Schule hatten wir im zweiten Studienjahr schon richtige Aufführungen: *Maria Stuart* – da spielte ich die Elisabeth –, dann ein englisches Stück *Regen und Wind* und schließlich Arthur Schnitzlers *Liebelei.* Die Proben waren der wichtigste Unterricht. Zum Abschluß gab es eine Prüfung. Man mußte vier Rollen ganz und vier teilweise vorbereiten und daraus etwas vorsprechen.

Danach ging ich in die Provinz, nach Linz und Innsbruck. Zuerst war ich entsetzt. Nicht, weil das nur Halbjahresverträge waren mit sehr wenig Bezahlung. Das war üblich. Aber die Arbeitsbedingungen waren miserabel. Für Rollen wie die Luise oder die Heilige Johanna hatte man sieben Tage Probe. Einmal gab Alma Seidler vom Burgtheater ein Gastspiel, da mußte ich eine Riesenrolle in drei Tagen lernen. Da war es nichts mit »großer Kunst«. Da war man froh, wenn man überhaupt den Text konnte. Mies war auch, wie sich manche Provinzschauspieler zu uns Anfängerinnen benahmen. Ich hatte in Wien in die großen Theater hineingerochen und eine ganz andere Einstellung zum Theater.

Damals habe ich natürlich ganz unbewußt Theater gespielt, nicht so, wie man heute Theater spielt. Das wurde auch gar nicht verlangt. Man hat »aus dem Talent« gespielt, aus dem Gefühl. Ich hatte immer viel Gefühl und konnte gut Ausbrüche machen, auf der Bühne weinen und so. Heute weiß ich natürlich, daß nicht ich oben weinen muß, sondern die Leute unten im Zuschauerraum. Mir hat vieles, was ich gemacht habe, nicht gefallen. Manchmal aber spürte ich: Jetzt war's richtig. Ich wußte nur nicht, wie man das bewußt herstellt, wie man es reproduziert. Und so kam es, daß man in einer Vorstellung »drin« in der Rolle war, und in der nächsten war man eben nicht »drin«. Später, am Burgtheater, hatte ich schon gute Regisseure. Sie hatten Konzeptionen und wußten, wie das Ergebnis sein sollte. Aber pädagogische Hilfe konnten sie nicht geben. Sie verlangten Resultate. Traf man's, war's gut. Traf man es nicht, war's halt nicht gut. Dann kam – aus Zürich – ein

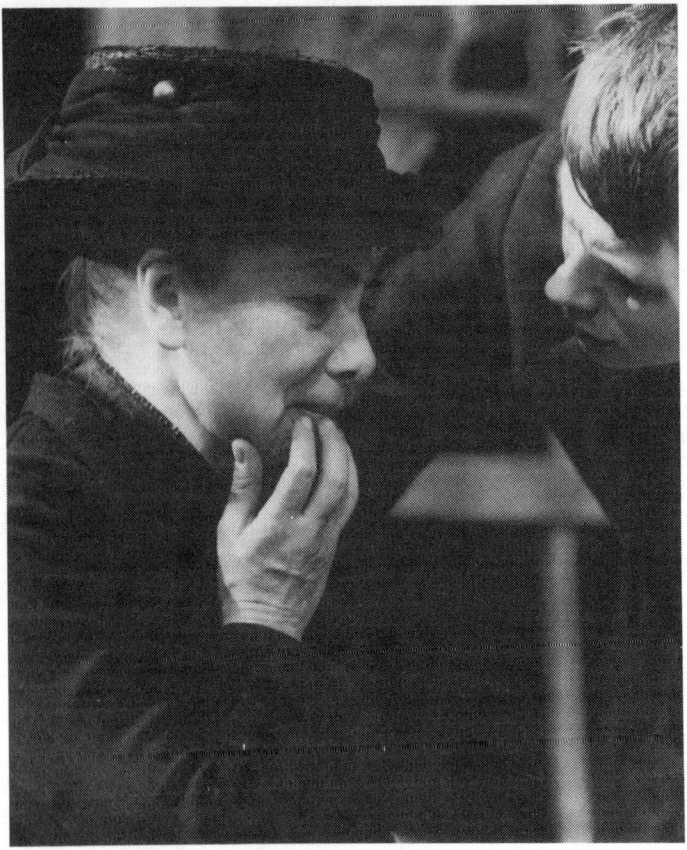

Erika Pelikowsky als Eliza Gant in Kitty Fringes Schau heimwärts, Engel *– 1964 am Deutschen Theater Berlin, mit Klaus Piontek; Regie: Hannes Fischer*

Buch von Stanislawski »Das Geheimnis des schauspielerischen Erfolges«. Es war schrecklich mißverständlich übersetzt. Aber es hat mich trotzdem sehr beeinflußt. Ich fing an, ein bißchen danach zu arbeiten. Aber wenn ich mich mit Kollegen darüber unterhielt, sagten sie: »Das weiß man doch eh!« Natürlich. Man »weiß« es. Jedenfalls irgendwie. Aber daß es einem im Zusammenhang bewußt gemacht und damit ein wenig Methode gegeben wurde, das war schon eine kleine Hilfe. Richtig methodisch arbeiten habe ich dann erst bei meinem Mann Wolfgang Heinz gelernt. Das war viel später.

Ans Burgtheater bin ich so gekommen: Ich habe vorgesprochen, die waren auch sehr angetan, aber engagiert wurde ich noch nicht, weil Lothar Müthel, der Intendant werden sollte, einen schweren Autounfall hatte und die Leitung noch nicht übernehmen konnte. So habe ich zuerst als Gast gespielt, in *Cromwell.* Das war eine mittlere Rolle, aber ein großer Erfolg für mich. Ich war sehr jung, und das paßte sehr gut. Dann habe ich in *Wenn der junge Wein blüht* gespielt. Auch ein richtiger Erfolg. Aber ich wurde immer noch nicht fest engagiert, und so habe ich nach dem damaligen Reichenberg abgeschlossen. In der letzten Vorstellung von *Wenn der junge Wein blüht* sahen mich der Intendant Lothar Müthel und die Käthe Dorsch. In der Pause kam der kommissarische Direktor zu mir und sagte: »Du bist engagiert, du spielst die Hermia im *Sommernachtstraum.*« Nun war ich in einem furchtbaren Dilemma, ich hatte doch den Vertrag nach Reichenberg. Glücklicherweise einigten sich die beiden Intendanten, und ich blieb am Burgtheater.

Später hatte ich eine Kontroverse mit dem Intendanten und ging nach Berlin ans Schiller-Theater. Das war 1943. Gleich in der ersten Nacht gab es einen Luftangriff, und das Schillertheater bekam einen Bombenschaden. So habe ich im Renaissance-Theater, das zum Schiller-Theater gehörte, *Die Fuchsfalle* von Billinger gespielt. Das war meine

Erika Pelikowsky als Pensionsinhaberin in dem DEFA-Film Pension Boulanka – *1970; Regie: Helmut Krätzig*

Antrittsrolle. Dann später im Schiller-Theater auf einer Behelfsbühne das Gretchen im *Urfaust* mit Horst Caspar als Faust, Will Quadflieg als Mephisto. Und zuletzt noch die Eve im *Zerbrochenen Krug*, mit Heinrich George als Adam. 1944 wurden alle Theater gesperrt, da ging ich zurück nach Wien.

Ich bin aus einer sozialdemokratischen Familie, ich hatte immer viele jüdische Freunde, und als bei uns in Österreich 1938 der Faschismus kam, hatte ich schon viel über das Naziregime gelesen – von Feuchtwanger und anderen –, so daß ich gegen die Nazis eingestellt war: Ich habe Glück gehabt. Ich bin nie damit konfrontiert worden, in einem richtigen Nazistück spielen zu müssen. Wie am Schiller-Theater habe ich auch am Burgtheater fast nur klassische Rollen gespielt. Luise, Käthchen von Heilbronn, Stücke von Grillparzer, von Shakespeare und am Akademietheater Possen von Nestroy etc. Am Schiller-Theater und am Burgtheater gab es natürlich Nazis. Man kannte sie, und manche haben mächtige Reden geschwungen. Aber es waren auch Kollegen da, mit denen man sehr offen über alles sprechen konnte.

Und in noch etwas anderem hatte ich Glück. Ich habe viele gute Regisseure gehabt: Joseph Gielen, der emigriert ist und nach dem Krieg Intendant am Burgtheater wurde, Karl Heinz Martin, Karl-Heinz Stroux, Karl Paryla, Wolfgang Langhoff, Wolfgang Heinz, Walter Felsenstein und andere.

Felsenstein hatte mich im *Urfaust* gesehen, ich sollte in einem Stück von Cervantes bei ihm spielen, da kam die Theatersperre, und wir haben uns erst nach dem Krieg in Wien wiedergetroffen. Er hat die *Räuber* inszeniert mit der für Wien außergewöhnlich langen Probenzeit von drei Monaten, oft bis nachts halb zwei, bei einer Eiseskälte. Er hat uns mächtig gequält, und trotzdem war es sehr schön. Er liebte mich als diese Amalia, aber ich war noch nie so verkrampft in meinem Leben. Dann bei unserer zweiten Zusammenarbeit, beim *John Gabriel Borkmann*, habe ich begriffen, wie man mit ihm arbeiten muß, und da ging es wunderbar. Man durfte ihn nicht kopieren, man mußte verstehen, was er meinte, und dann die für einen selbst richtige szenische Lösung finden. Aber so muß man wohl mit allen Regisseuren arbeiten.

Ich habe auch das Glück gehabt, mit großartigen Schauspielern arbeiten zu können: Maria Eis, Alma Seidler, Rosa Albach-Retty, die 106 Jahre alt geworden ist, Helene Thimig, Käthe Dorsch, Werner Krauss, Horst Caspar, Heinrich George, Will Quadflieg, Ewald Balser, Helene Weigel, Albert Bassermann, Karl Paryla, Ernst Busch, Wolfgang Heinz ... Die herrliche Giehse habe ich oft gesehen, aber leider nie mit ihr gespielt. Eigentlich habe ich immer furchtbar gern mit viel besseren Schauspielern, als ich es bin, zusammengearbeitet. Man kann bei ihnen viel abgucken. Aber nicht nur das. Im Zusammenspiel ergeben sich manchmal intuitive Momente – oft bringt ja nicht die Antwort, die man selbst gibt, das Stück weiter, sondern ein Blick des Partners, eine Geste. Manchmal kann man diese Dinge nicht erklären, nicht gleich und auch nicht später, und trotzdem sind sie richtig, gut und schön. Natürlich, man muß Handlung und Figuren logisch, folgerichtig und exakt bauen, das ist selbstverständlich. Aber dieses undefinierbar Richtige, dieses intuitiv Schöne, diese Imponderabilien interessieren mich am Theater am meisten.

Nach dem Krieg habe ich außer an der Burg am Volkstheater und in Zürich gespielt. Und dann ab 1948 im Neuen Theater in der Scala. Dieses Theater haben wir für die Arbeiter Wiens gegründet, die noch so gut wie keine Bindung ans Theater hatten und in der Zuschaukunst völlig ungeübt waren. Wir haben gearbeitet wie die Tiere. Wir haben en suite gespielt, samstags und sonntags Doppelvorstellungen und täglich Proben. Wir haben mit nichts angefangen, jeder Stuhl, jede Kulisse war schon eine Errungenschaft. In den ersten Jahren war es sehr schwer, das Haus

Erika Pelikowsky als Celestina in dem gleichnamigen Stück von Karl Mickel nach de Rojas – 1974 am Berliner Ensemble; mit Jutta Hoffmann; Regie: Jürgen Pörschmann/Günther Schmidt

Erika Pelikowsky als Bau Mu im Großen Frieden *von Volker Braun am Berliner Ensemble – 1979; Regie: Manfred Wekwerth/Joachim Teuschert*

hatte mehr als 1200 Plätze, manchmal waren nur 19 Zuschauer drin. Es war zum Fürchten. Aber wir haben gespielt, und allmählich ging es auch aufwärts, und am Ende hatten wir volle Vorstellungen, ein richtiges Arbeiterpublikum, auch Intellektuelle. Übrigens haben wir für Wien den Abstecherbetrieb erfunden. Das war alles ungeheuer anstrengend. Aber es hat Spaß gemacht, weil man wußte, wofür man es tat.

In dieser Zeit habe ich außerdem in Düsseldorf und hier in Berlin am Deutschen Theater gastiert. Als dann die Scala geschlossen wurde, sind wir nach Berlin gekommen.

Seit ich das ältere und das alte »Fach« spiele, interessiert mich das Theaterspielen eigentlich noch mehr. Im Lauf des Lebens macht man Erfahrungen, man beobachtet Verhaltensweisen, man stellt sich Fragen, und man entdeckt auch bei sich selbst Fähigkeiten, von denen man noch nichts gewußt hat. – Früher dachte ich immer, daß ich nur sehr tragische, gefühlvolle Rollen spielen könnte, daß ich keinen Sinn für Humor habe. Als ob man das Tiefe und Ernste nicht auch mit Humor spielen müßte! Na ja! Heute würde ich natürlich manches anders machen: Die Widersprüche in Menschen darzustellen, das Progressive und das Alte, das Gute und das Schlechte und aus welchen Wurzeln es entsteht –, das herauszufinden reizt mich heute am meisten.

In der letzten Zeit habe ich eigentlich alle meine großen Rollen im Fernsehen gespielt. Ich mache gern Fernsehen. Ich filme auch gern. Aber natürlich: Theater bleibt Theater. Das ist mein Zuhause.

Aufgezeichnet von Renate Waack

Peter Sturm

Meine Eltern waren beide Schneider. Ein paar Jahre nach meiner Geburt brach der erste Weltkrieg aus. Den Vater habe ich im Jahre 1915 verloren; meine Mutter führte dann die sehr kleine Schneiderei weiter und brachte uns mühsam durch. Immer waren fremde Leute bei uns im Hause: meine Mutter vermietete und kochte für die Leute, sonst hätten wir vermutlich überhaupt nicht leben können.

Nach Absolvierung der Schule wurde ich Lehrling. Ich suchte mir selber eine Lehre. Ich habe eine sehr starke Neigung zur Technik; das Radio war neu im technischen Bereich, das faszinierte mich …

Als junger Bursche ging ich oft ins Theater. Stehplatz natürlich, oft nach mehrstündigem Anstehen. Ich habe sehr viele Aufführungen gesehen, aber die Theaterwelt schien mir – bei meinem sozialen Status – unerreichbar. Mir fehlten Geld und Bildung, ich war schüchtern und unsicher, und außerdem mußte ich Geld verdienen … Aber ich träumte schöne Träume, wenn ich mich vom Theater verzaubern ließ.

Trotzdem war ich nach wie vor von der Technik gefangengenommen. Ich habe meine Arbeit gern gemacht, hab' zu Hause viel gebastelt, hab' Radioapparate gebaut – ich erinnere mich heute noch an viele Röhrenschaltungen … Ich war aktiver Sportler, bin Mittel- und Langstrecken gelaufen. 1928 war die Olympiade in Amsterdam. Mein Freund fragte mich: »Wollen wir hinfahren?« – »Ja, wie denn?« – »Na, mit dem Fahrrad!« Aber immerhin sind Wien und Amsterdam etwa 1 000 km voneinander entfernt. Wir haben also unsere alten Fahrräder instandgesetzt und sind quer durch Deutschland – uns durchbettelnd und durchklopfend – nach Holland geradelt. Etwa 100 km pro Tag. Das war schon ein großes Abenteuer! Immerhin: Wir sind nach Amsterdam gekommen, wir haben die Leichtathletik-Olympiade gesehen – ich sah meine großen Vorbilder: Nurmi, Ritola, Dr. Peltzer. Diese Olympiade – das war schon ein Rieseneindruck! – Dann war das vorbei, aber uns hatte die Wanderlust gepackt. Mein Freund, ein Student damals, fragte: »Fahren wir weiter oder nach Hause?« Wir fuhren weiter, südlich – zick-zack durch Belgien und zick-zack durch Frankreich, über Paris nach Marseille und entlang der französischen Riviera. Über Oberitalien und Südtirol wieder nach Hause, 6 500 km aus eigener Kraft, drei Monate voll von Abenteuern. Das waren nachhaltige Eindrücke. Die Welt – ich erlebte es – sah anders aus, als ich sie von meinem winzigen Österreich, von meinem Kleinbürgerhaus aus gesehen hatte. Vermutlich hat mir dieses Erlebnis einen Impuls gegeben: ich bin stark, ich kann, wenn ich will. Ich will Schauspieler sein. Zunächst einmal habe ich in Theatervereinen als Laie gespielt. Dann habe ich mir ein Herz genommen, bin zu einem sehr bekannten Schauspieler gegangen – mein Vorsprechen wurde akzeptiert, und ich habe dann Unterricht bekommen. Drei Jahre lang … Sprechunterricht vor allem … Vorgesprochen habe ich den Mortimer: »Ich zählte zwanzig Jahre, Königin …« Ich kleiner Knirps – diesen Schiller-Helden. Ich habe gar nicht gewußt, was ich da wage. Also zunächst spielte ich in Theatervereinen. Als Arbeiter war ich selbstverständlich gewerkschaftlich organisiert und Mitglied der österreichischen sozialdemokratischen Partei, die eine der linkesten innerhalb der gesamten Sozialdemokratie war. In den Volkshochschulen spielte ich Stücke der Weltliteratur. Nebenberuflich. Ich arbeitete weiter als Radiomechaniker, tagsüber, und danach kam das Theater.

1933 war die kommunistische Partei unter der Regierung Dollfuß verboten, es wurde das Parlament aufgelöst.

1934 macht die SPÖ den Versuch, die Demokratie wieder herzustellen, denn von 1933 an wurde in Österreich mit Notverordnung regiert. Es war ein klerikales Regime, unter dem die Arbeiter keinerlei Sprachrohr besaßen. Der Versuch, die Demokratie wieder herzustellen, schlug fehl: Dollfuß ließ mit Kanonen auf Arbeiter schießen. Viele Todesurteile wurden vollstreckt. Bis dahin hatte ich von Politik nichts verstanden. Ich hatte nur die Vorstellung: ich muß Theater spielen. Die Realität lehrte mich anderes: die SPÖ wurde verboten, die Gewerkschaften wurden aufgelöst und ebenso sämtliche Organisationen, also auch die Kunststelle, an der ich tätig war. Ich war voller Enttäuschung und wütend, wollte etwas tun. Ich trat in die illegale »Rote Hilfe« ein und half mit, die Familien der verurteilten Arbeiter, die am Aufstand beteiligt gewesen waren, zu unterstützen. Dann fand ich neben vielen Gleichgesinnten Anschluß an die illegale KPÖ. Damals, Anfang der dreißiger Jahre, entstanden in Wien politische Kleinkunstbühnen. Zu einer, dem ABC, im Keller eines Café-Hauses, bekam ich Verbindung. Ich sprach dort vor und wurde engagiert. Meine Arbeit sah nun so aus: Früh und nachmittags arbeitete ich nach wie vor im Laden. Am Abend hatte ich Vorstellung im ABC; in der Nacht probierten wir für das neue Programm. In der Zwischenzeit leistete ich illegale Arbeit, klebte Plakate mit Aufrufen, ging agitieren, streute Flugzettel. Von dem, was ich im ABC verdiente, hätte ich nicht leben können. Der Cafétier hatte uns einen Raum zur Verfügung gestellt, in dem wir Theater spielen konnten. Die Gäste konsumierten ihren Kaffee und zahlten für den Eintritt zwei Schilling pro Karte. Wir teilten das Eintrittsgeld für die Vorstellung unter uns auf. Das heißt, wir füllten dem Besitzer des Lokals sein Haus mit Gästen, aber jeder Mitwirkende verdiente pro Eintritt nur 10 Groschen. Der Raum durfte aber nicht mehr als 49 Zuschauer aufnehmen (ab 50 hätte man eine Theaterkonzession gebraucht, die wir aber wegen unserer progressiven

Peter Sturm als Dr. Zwicker mit Fritz Links in Johann Nepomuk Nestroys Theaterg'schichten *in den fünfziger Jahren im Neuen Theater in der Scala Wien*

und kritischen Haltung nie bekommen hätten). Also konnte jeder von uns maximal nur 150 Schilling im Monat verdienen. Doch das Existenzminimum war mindestens doppelt so hoch. Das heißt, es konnte keine Rede davon sein, von diesem Einkommen allein zu leben ...

1935 wurde ich verhaftet, bekam einen Hochverratsprozeß, wurde verurteilt und kam ins Zuchthaus. Ein Jahr später erließ der damalige Bundeskanzler Schuschnigg – von Hitler nach Berlin gerufen und in Absprache mit ihm – eine Amnestie für alle, die bis zu fünf Jahren verurteilt waren. Weil aber Schuschnigg eine Schaukelpolitik betrieben hat zwischen Hitler und Mussolini, hatte er nicht nur die Nazis, sondern auch Sozialdemokraten und Kommunisten aus der Haft entlassen. Das heißt, ich fiel unter die Amnestie und konnte nach meiner Entlassung sogar wieder spielen, bis zum Einmarsch Hitlers in Wien, März 1938. Danach wurde ich bald verhaftet, kam nach Dachau und anschließend nach Buchenwald.

1939 war in Buchenwald eine Typhusepidemie ausgebrochen. Ihr erlag dort mit vielen anderen ein hervorragender junger Autor aus Österreich: Jura Soyfer. Ich kannte ihn, weil ich eine Reihe seiner Stücke in Wien mit kreiert hatte. Er hatte hauptsächlich für das ABC geschrieben. Jura Soyfer starb in Buchenwald kurz vor seiner Entlassung. Man hatte für ihn eine Ausreisegenehmigung nach Amerika besorgt. Eine solche Genehmigung war damals die Voraussetzung dafür, daß man als Jude aus dem Lager entlassen wurde. Aber Soyfer starb.

Für mich hatte meine Mutter, die gänzlich ohne Erwerb war, über einen ungarischen Verwandten eine Schiffskarte nach Shang-Hai organisiert. Aber durch die Typhus-Epidemie kam ich zu spät aus dem Lager heraus, und als ich dann wirklich auf Grund der Shang-Hai-Karte entlassen wurde, war das Schiff schon fort und die Karte verfallen. Ich ging nach Italien. Das konnte man legal. Von Italien aus bin ich dann illegal über die Berge nach Frankreich geflüchtet. Im faschistischen Italien konnte ich nicht bleiben, ich wollte etwas gegen den Faschismus tun. Ich hatte zwei deutsche Konzentrationslager kennengelernt, ich war so voll Haß und Zorn ... Als ich über die grüne Grenze nach Frankreich ging, war gerade der Krieg ausgebrochen, und ich bin sofort als Deutscher interniert worden. Ich kam in das Lager Les Milles bei Marseille. Dort habe ich neben vielen anderen Menschen Feuchtwanger kennengelernt. Überhaupt war eine ganze Künstlerkolonie dort – alle von den Franzosen inhaftiert: Maler, Regisseure, Schriftsteller, Schauspieler (natürlich auch viele andere Berufsgruppen und Schichten). Mit Feuchtwanger habe ich nie gesprochen. Aber er hat an einem Abend vor einem kleinen Kreis von seiner Reise in die Sowjetunion erzählt und sehr amüsant über seine Begegnung mit Stalin berichtet. Wir waren in einer stillgelegten Ziegelei interniert. Zunächst kümmerte sich keiner um den anderen, aber die Zeit verging nur langsam, zu lesen hatte man wenig, man wurde kribbelig, suchte Kontakte. So haben wir begonnen,

Peter Sturm als Wirt in Bernard Shaws Mann des Schicksals *in den fünfziger Jahren am Neuen Theater in der Scala Wien*

Theater zu spielen. Zunächst eine Operette. Wir haben auch Szenen aus dem *Faust* einstudiert, verschiedene Szenen. Ich spielte den Mephisto. Einen richtigen Bühnenbildner hatten wir auch. Mit den geringen technischen Mitteln, die uns zur Verfügung standen, errichteten wir so eine Art Podium. Wir benutzten eine Laderampe, und davor lag der Zuschauerraum ... Der Mistral, dieser südliche Wind, der vom Mittelmeer heraufkommt, umstürmte uns ... Was wir taten, war schön-romantisch und doch ohne Perspektive. Aber wir haben immerhin Theater gespielt, haben so-

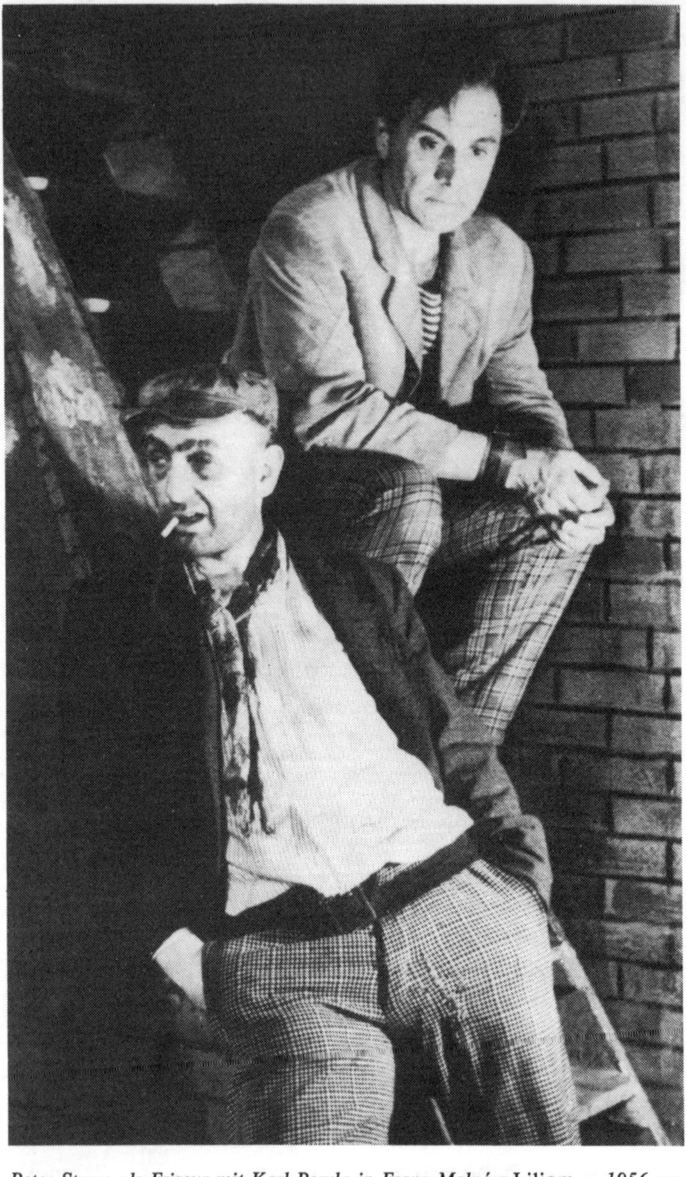

Peter Sturm als Friseur mit Karl Paryla in Franz Molnárs Liliom *– 1956 am Neuen Theater in der Scala Wien*

gar experimentiert, ausprobiert … Das ging so lange, bis die Deutschen durchbrachen. Wir wurden von den Franzosen in einen Zug verfrachtet und nach Bayonne ins südwestliche Frankreich an der spanischen Grenze gebracht. Aber als wir dort ankamen, hieß es: sofort wieder umkehren, die Deutschen kommen. Einige Genossen – darunter ich – flüchteten; wir schlugen uns wieder bis Marseille durch. Dort fanden wir in einem Auffanglager für Flüchtlinge ein erstes Unterkommen. Belgier waren dort, Franzosen aus den besetzten Gebieten, Österreicher … Wir wurden von irgendwelchen Hilfsorganisationen verpflegt. Einmal am Tag gab es warmes Essen. Untergebracht waren wir in einem Theatersaal. Also was lag näher, als sich wieder zusammen zu tun und Theater zu spielen? Wir studierten für ein internationales Flüchtlings-Publikum so eine Art Varieté-Programm ein – wir mußten ja verständlich sein für alle. Dort fand ich auch wieder Anschluß an eine Gruppe der österreichischen KP. Mit einigen anderen Genossen wurde ich von der Partei in die Landwirtschaft geschickt. Die Franzosen hatten vor Kriegsausbruch Emigranten zu Arbeits-Kompanien zusammengestellt. Ursprünglich, als man uns inhaftierte, hatte man versucht, uns für die Dauer des Krieges für die Fremdenlegion zu werben. Doch das kam überhaupt nicht in Frage – für eine Kolonialmacht Unterdrückungsdienste in Algerien oder sonstwo zu leisten. Also geriet ich in die Reihen der Prestataire, der Fremdarbeiter, arbeitete als Bauernknecht in der Landwirtschaft, später als Steinbrucharbeiter. Aber immerhin waren wir zunächst halbwegs in Sicherheit …

1942, da war schon die von den Faschisten eingesetzte Regierung Pétain an der Macht, wurde ich von der französischen Gendarmerie verhaftet und an die Gestapo ausgeliefert. Über das Verteilungslager Drancy bei Paris kam ich nach Auschwitz. Von meinem Transport – drei Tage im vergitterten Viehwagen, jeder Transport bestand aus etwa 1000 Menschen – wurden 930 vergast. Vorher, bevor man direkt ins Lager Auschwitz kam, hatte es geheißen: Alle arbeitsfähigen Männer bis 50 raus! Ich wußte aus Dachau und Buchenwald, daß eine Überlebenschance nur durch die Arbeit besteht – ich bin also heraus. Dasselbe hatte ich einem Freund geraten; aber viele von unserem Transport glaubten, sie kämen in ein Ghetto, stiegen nicht aus und wurden umgebracht. Wir wurden zunächst in ein Verteilungslager gebracht, dann in ein Arbeitslager ... ich war beim Bahnbau, habe Elektroleitungen gelegt, auf der Strecke gearbeitet ... kam von Lager zu Lager und schließlich nach Blechhammer, das die Bezeichnung trug »Auschwitz 2«. Dort hat man uns eine Nummer in den Arm tätowiert, wir erhielten das gestreifte Häftlingsgewand, vorher hatten wir noch unsere eigenen Sachen getragen, und die Wachmannschaft – zunächst Wehrmacht – trug eines Morgens plötzlich SS-Uniformen ... Dieselben Leute – plötzlich SS. Nun lebten wir wieder unter den Verhältnissen eines Konzentrationslagers, und es war kein Zweifel, was man mit uns vorhatte: Uns bis zum äußersten arbeiten lassen und uns dann umbringen. Es gab einen ständigen Kampf gegen den blanken Hunger der meisten. Ein Blockältester verfügte über eine große Macht in diesem Lager. Er hatte nämlich das Essen an seine etwa 300 Mann zu verteilen, und wenn er korrupt war, das waren fast alle, konnten er und seine Freunde sich auf Kosten der anderen sattessen. Eine Gruppe von Kommunisten, zu der auch Kurt Bachmann gehörte, bildete eine Parteigruppe, und wir legten einen Plan fest. Zunächst hat man auf eine komplizierte und riskante Weise einen ganz korrupten Blockältesten gestürzt. Darauf wurde beschlossen, mich an diese Stelle zu setzen. Unter so schwierigen Umständen eine solche Funktion auszuüben, ist in jeder Hinsicht lebensgefährlich. Weil: man stand zwischen der SS und den Lagerkameraden, die man zu schützen hatte. Aber wir wollten ein Beispiel für das ganze Lager setzen, und das ist uns auch gelungen.

Erschütterndes habe ich erlebt. Erschütternd, als ich zum erstenmal mit ansehen mußte, wie ein siebzehnjähriger Junge aufgehängt wurde. Man brachte einen Tisch, stellte darauf einen Hocker, der junge Bursche wurde auf den Hocker gestellt, man legte ihm eine Schlinge um den Hals und erhängte ihn im Angesicht des ganzen Lagers. Ich stand 15 m von ihm entfernt. Die Vorgeschichte war die, daß der Junge auf der Baustelle (eine Riesenbaustelle, 40 000 Menschen arbeiteten dort, auch Kriegsgefangene) ein Metallstück fand. Darin war ein weißes Pulver, das nach Salz schmeckte, und er nahm sich etwas davon, denn im Lager gab es nie Salz. Dabei hat ihn ein SS-Mann beobachtet, hat die Nummer von dem jungen Burschen aufgeschrieben und Schmidt, der sogenannte »Politische« SS-Mann, machte Meldung nach Berlin. Bald darauf traf das Todesurteil ein. Das Metallstück war ein Bombensplitter gewesen, und für den Jungen wurde ein Sprengstoffverbrechen daraus gemacht. Der hat überhaupt keine Ahnung gehabt, das Pulver hatte nur salzig geschmeckt. Er hat das gegessen. Dafür wurde er aufgehängt. Es war das erstemal, daß ich einen solchen Tod mit ansehen mußte. Dann habe ich es immer wieder erlebt. Oft hingen die Menschen zu dritt nebeneinander. Den Schmidt, den »Politischen« – einen ungeheuer gefürchteten Mann, habe ich selbst dann auch noch näher kennengelernt. Als ich Blockältester war, hatte ich später eine Begegnung besonderer Art mit ihm. Eines Tages kamen der Rapportführer und der »Politische« auf meinen Block, und der »Politische« sagte: »Sie haben doch da den Text gemacht und das Ganze zusammengestellt. Schreiben Sie uns das mal auf, wir wollen dasselbe bei uns machen!« (mit »uns« meinte er die Baracken der SS-Wachmannschaften). Um zu erklären, was dem vorausgegangen war, muß ich etwas zurückspulen: Der Lagerführer hatte uns geraume Zeit vorher erlaubt, in einer leerstehenden Baracke innerhalb des Häftlingslagers Theater zu spielen. Wie es dazu gekommen war und warum, weiß ich

Peter Sturm als Rose in dem DEFA-Film Nackt unter Wölfen – *1963; Regie: Frank Beyer*

nicht. Vermuten kann ich nur: der Krieg neigte sich allmählich dem Ende zu, das Ende war schon fast abzusehen, und so hat man versucht, ein wenig »entgegenkommender« zu uns zu sein, um vielleicht später ein Alibi zu haben. Ich habe eine Aufführung herausgebracht; im Lager waren auch Künstler, Sänger, Musiker usw. Wir hatten ein amüsantes Stück einstudiert und wollten gerade mit der Vorstellung für unsere Mitgefangenen beginnen, da öffneten sich die Türen und herein marschierte ein großer Teil der Lagerleitung der SS. Die setzten sich in die ersten Reihen, und wir spielten also auch für die SS Theater. Als der »Politische« dann später zu mir kam, spürte ich, daß er sehr angeregt war durch diese Vorstellung. Ich habe ihm die Texte aufgeschrieben, und sie wurden dann auch drüben von SS-Leuten in ihrer Baracke gespielt. Wieder später erhielten einige unserer Mitwirkenden – Zeichner, Schauspieler, auch ich – eine Einladung: In der Baracke, in der wir gespielt hatten, stand ein Tisch, und neben uns und uns gegenüber saßen der Rapportführer und der »Politische«. Wir saßen also mit Massenmördern als deren Gäste an einem Tisch. Unser Zeichner hatte vorher Tischkarten für jeden Teilnehmer entwerfen müssen. Jeder mußte nun seine Tischkarte vorlesen – die SS-Leute hatten einen lustigen Text verlangt. Wir lachten pflichtschuldig. Da holt der »Politische« seine Zigarettenschachtel heraus, stellt sie vor sich hin wie eine Tischkarte, nimmt sie und liest: »Unterscharführer Schmidt – Achtung! Bissiger Hund!« Wir lachten schallend, weil wir gar nicht anders reagieren durften. Wir lachten über einen Massenmörder. Das ist eines meiner niederschmetterndsten Erlebnisse, die ich überhaupt hatte: mit den Mördern meiner Kameraden an einem Tisch sitzen und über ihre Späße lachen zu müssen. Nie hatte ich eine so tiefe Demütigung erfahren. Die Scham darüber schleppe ich ein ganzes Leben lang mit mir herum. Als die Rote Armee sich dem Lager näherte, wurden wir in Marsch gesetzt. Der Todesmarsch von 250 km führte von Auschwitz nach dem Lager Groß-Kosen. Wir marschierten zwei Wochen, und die Verpflegung pro Mann für diese Zeit betrug ein Brot und einen Würfel Margarine. Eis und Schnee auf den Landstraßen. 15 °C unter Null. Von 4000 Menschen, die in »Auschwitz 2« abmarschierten, sind etwa 400 überhaupt nur in Buchenwald angekommen. Auch gab es noch ein Bombardement. Als der Zug in Weimar einfuhr, glaubte die englische Luftwaffe, die Weimar überflog, daß ein Militärtransport unterwegs sei. Daß wir KZ-Häftlinge waren, vermuteten sie nicht. Viele von uns kamen ums Leben.

Am 11. April 1945 war Buchenwald frei. Nun war es für uns offen, und zum erstenmal sahen wir, was wir ja als Häftlinge nie hatten sehen können (weil man da ja nicht lebend herauskam): das Krematorium. Im Hof des Krematoriums war ein großer Leichenberg. Dünn wie Fahnenstangen waren diese Toten. Die Amerikaner waren schon im Lager, sie kamen auch in den Hof, fotografierten die Leichenberge ... Wir standen nur davor. Wir sagten nichts ... Ich hatte schon Hunderte von Toten gesehen, aber diese Anhäufung, daß sie wie Dinge dalagen ... Dann sah ich einen Amerikaner, einen ganz großen, starken Mann. Er fotografierte und hielt die Kamera vor seine Augen. Unter der Brille liefen ihm die Tränen herunter, liefen ihm über das Gesicht. Und wir standen dabei, erschüttert, aber weinen konnten wir nicht mehr.

Ein Jahr später war in Wien in einem Kaufhaus eine Ausstellung »Niemals vergessen«, und auf großen Bildern war das zu sehen, was die Amerikaner im Lager fotografiert hatten. Als ich die Bilder sah, ist mir schlecht geworden.

Im Lager, in größter Lebensgefahr, da hatte sich wohl so eine Art Schutzmechanismus ausgebildet. Man war immer hellwach, immer bereit, sofort zu reagieren, und sich nichts anmerken zu lassen. Nicht vor den Leichenbergen im KZ bin ich zusammengebrochen, sondern vor den Bildern. Auf einmal war das alles wieder da. Und das geht mir noch heute so – wenn ich einen Film sehe und die schaufeln da ihre eigenen Gräber – all das Leid kommt wieder in mir hoch. Ich weiß ja, wie so etwas gemacht wird, wie das aussieht, ich weiß, was man spürt dabei. Ich hab' Buchenwald lange Jahre nicht wieder aufgesucht – im Gegensatz zu vielen Genossen, auch Bruno Apitz, der dort Führungen machte. Gleich nach dem Krieg hatte ich viel über all das gesprochen, was ich erlebt hatte an Schrecken, in Veranstaltungen, Vortragsabenden und und ... Es kam ein Punkt – ich konnte nicht mehr. Dann kam der DEFA-Film *Nackt unter Wölfen.* Vorher hatte ich schon in einem Hör-

Peter Sturm als Fredo in Eine alte Liebe *aus dem Zyklus* Bühne frei – *beim Fernsehen der DDR – 1983*

spiel und auch in einem Fernsehfilm gleichen Namens gespielt. Danach hab ich wieder gesagt: Ich kann nicht mehr. Aber der Bruno Apitz und der Regisseur Frank Beyer sind an mich herangetreten und haben gesagt: »Wer soll das spielen? Es muß einer sein, der die Angst kennengelernt hat.« Angst konnte ich spielen. Als ich dann zum erstenmal nach Buchenwald kam und durch das Eingangstor trat – da war genau das Wetter, das bei meiner Einlieferung gewesen war: düster, kalt, regnerisch. Der Eindruck vom Lager war schrecklich. Ich hab' mich abgesondert von den anderen, bin allein durch das Lager gelaufen und hab' geheult. Ganz von tief unten kam der Schmerz herauf. Als ich dann später vor der Kamera stand, hab' ich meine Angst und alle Erlebnisse wieder aufleben lassen müssen. Und das war sehr schlimm …

1945 war mein erster Weg in Wien zum Zentralkomitee, das in einer ehemaligen Schule untergebracht war. Ich hab' dann dort im Kulturreferat gearbeitet. Dann hab' ich mit dem Theater in der Josefstadt Kontakt bekommen, denn mein ehemaliger Regisseur vom ABC, Rudolf Steinböck, arbeitete dort. Ich traf ihn bei einer Probe im Theater, hab' ihm einen Zettel hinaufgeschickt. Er kam sofort zu mir, wir fielen uns um den Hals … (Er hatte sich sehr anständig benommen, während ich im Lager war, durch einen Mittelsmann Unterstützung, trotz der Gefahr für ihn, geschickt.) Steinböck engagierte mich an das Theater in der Josefstadt, wo ich von 1945 bis 1953 blieb und mit berühmten Schauspielern gemeinsam auf der Bühne stand. Leute, die ich früher schon bewundert und angehimmelt hatte: Gustav Waldau, die Thimigs, die Wessely, den Attila Hörbiger … Der Kontrast war so unglaublich: kurz zuvor war ich ein Nichts, des Lebens unwert gewesen, und nun mit 36 Jahren stand ich erstmals auf einer großen und bekannten Bühne.

Ich war immer ein Episodenspieler, aber ich habe auch durchgehende Rollen gespielt neben Paryla, Hörbiger, Leopold Rudolf. Ich spielte Stücke von Thornton Wilder, Tenessee Williams, Arthur Miller ... Es war eine schöne Zeit, aber es war wiederum auch nicht so, daß ich meinte, es müßte so bleiben. 1953 holte mich Wolfgang Heinz an die Scala, wo ich bis 1956 engagiert war. Von da aus ging ich dann mit einer Reihe von Schauspielern – als die Scala ihre Pforten schloß – ans Berliner Deutsche Theater zu Wolfgang Langhoff. An das zweite Theater mit Reinhardt-Tradition, das erste war das Theater in der Josefstadt gewesen.

In der Scala hatte ich meine eigentliche »Geburt« als Schauspieler erlebt. Wolfgang Heinz hielt Seminare, wir studierten die Traditionen, studierten Stanislawski, lernten Methodik. Wenn ich etwas über Schauspielerei gelernt habe, dann von und bei Wolfgang Heinz. Für mich ist es von da ab wichtig geworden, mir die Figur aus vielen Facetten zusammenzusetzen, die Vorgeschichte des Menschen, den ich darstelle, zu kennen, seine soziale Herkunft usw. Wenn ich mir eine Rolle erarbeite, ist das immer ein Geburtsprozeß. Ich bin unleidlich in dieser Zeit – bis dann die Premiere ist. Und auch nachher feile ich an der Figur weiter, so gut das möglich ist.

Also 1956 kam ich ans Deutsche Theater und blieb dort bis 1961. Neben der Theaterarbeit hatte ich sehr viel beim Fernsehen, beim Film, bei Funk und Synchron zu tun. Da war ich viel besser beschäftigt als am Theater, und so schrieb ich Wolfgang Langhoff einen dankbaren und ehrerbietigen Brief: er möge Verständnis dafür haben, daß ich meinen Vertrag mit dem Deutschen Theater löse. Ich hatte Anträge von mehreren Theatern, DEFA und Fernsehen. Ich habe mich fürs Fernsehen entschieden, nach dem Leitsatz: man soll sich immer dahin orientieren, wo etwas im Wachsen und Werden ist. Deshalb bin ich zum Fernsehen gegangen und arbeite dort nun schon 23 Jahre.

Aufgezeichnet von Ingeborg Pietzsch

Mari Töröcsik

Bei unserer Arbeit bringt man sein maximales Leistungsvermögen auf die Bühne. Wenn man mich fragt, welche Erlebnisse oder auch welche Lektüre mich bei der Gestaltung einer Rolle beeinflußt haben, gerate ich immer in Verlegenheit. In jeder meiner Rollen ist mein ganzes Ich enthalten, sie sind angereichert mit den Erlebnissen, die mich in meinem bisherigen Leben bewegt haben. Ich kann verbal keine Auswahl dieser Erlebnisse geben. Auf der Bühne ist das anders. Beim Theaterspielen ergibt es sich ganz natürlich. Aber in Worten lassen sich Erlebnisse nicht ausdrükken, alles bleibt ungewiß und unklar. Zumindest für mich. Über meine Biografie zu reden dagegen ist relativ leicht.

Ich wurde in einem kleinen Dorf im Komitat Heves, in Pély, geboren und wuchs in einer großen Familie auf. Die meisten Familienmitglieder waren, wie auch mein Vater, Pädagogen. Nach der Grundschule besuchte ich für zwei Jahre das Gymnasium in Eger. Als dann im ganzen Land die allgemeine Schule eingeführt wurde, kehrte ich in mein Dorf zurück. Nach Beendigung der Schulzeit bereitete ich mich auf die Musikschule vor. Doch ich wurde nicht aufgenommen. Ich kam zu spät, es hatten sich bereits genügend Bewerber gefunden … So besuchte ich schließlich das ökonomische Technikum in Budapest und nahm außerdem Klavierunterricht. Meine Lehrerin ermunterte mich, die Musik zu meinem Beruf werden zu lassen. Doch ich wollte nicht auf die Musikschule in Tarhos. Ich wollte in Budapest bleiben. Diese Entscheidung wurde damals keineswegs durch irgendwelche Theaterleidenschaft beeinflußt. Für mich war das Theater ein noch fast unentdecktes wunderbares Land. Ich war ehrlich erstaunt, als ich von einem

Mari Töröcsik als Solveig mit Ferenc Ládanyi in Ibsens Peer Gynt *am Nationaltheater Budapest – in den fünfziger Jahren*

Hochschulstudenten, der Dramaturgie studierte, erfuhr, um Schauspieler zu werden, müsse man eine Hochschule besucht haben. Diese Mitteilung verwirrte und verlockte mich so, daß ich eine Bewerbung an die Schule richtete. Arpád, ein bekannter Künstler des Nemzeti Szinház (Nationaltheater), der die Aufnahmeprüfung leitete, redete mir zu, erst mein Abitur abzulegen. Ich war deswegen recht verbittert, denn ich glaubte, er halte mich für untalentiert. Ich schwor mir, mich nie wieder zu bewerben. Doch der Schwur hielt nicht lange vor, ich wurde schwankend in meinem Entschluß, erwog ihn aber so lange, bis ich auch die nächste Aufnahmeprüfung verpaßte. Zum Glück wurden später nachträgliche Aufnahmeprüfungen ausgeschrieben – für das Fach Operette. So studierte ich – nach dem Abitur am ökonomischen Technikum – das Fach Operette. Bereits während der Hochschuljahre stand ich im Licht der Öffentlichkeit. Schon während des ersten Studienjahres wurde mir von Zoltán Fábry die Hauptrolle im *Karussell* übertragen. Mich überkam ein großes Glück! Mit neunzehn Jahren eine Hauptrolle, und was für eine! An dem durchschlagenden Erfolg dieses Films war ich mitbeteiligt. Wohl selten gab es einen glücklicheren Beginn bei einer Schauspielerlaufbahn. Es war eine großartige Aufgabe, und es klingt nahezu märchenhaft, was danach folgte: Auszeichnungen in Ungarn, Auslandstourneen, Auftritte auf Festivals, ein Film nach dem anderen ... Den Glanz des Erfolges sah das ganze Land. Aber die Schattenseite bemerkten nur wenige Menschen. Und sie existierte, unzweifelhaft. Lange Zeit konnte ich nicht darüber sprechen. Ich war ein international berühmter Star des ungarischen Films geworden, aber noch jahrelang vermochte ich auf der Bühne nicht zu bestehen. Die Darstellung der Solveig in Ibsens *Peer Gynt* wurde ein legendärer Mißerfolg.

Ich bin wohl die einzige Schauspielerin, die an der Hochschule nicht gemeinsam mit den anderen Studenten ihre Prüfungen ablegte. Während sich die anderen auf ihre Rollen für die Prüfungen vorbereiteten, war ich fast immer mit Filmaufnahmen beschäftigt. Ich erhielt ein, zwei größere Aufgaben am Nemzeti Szinház – unter anderem spielte ich die Marianne im *Tartuffe*. Das war meine Prüfungsrolle. Ich debütierte in großen Theatern mit bedeu-

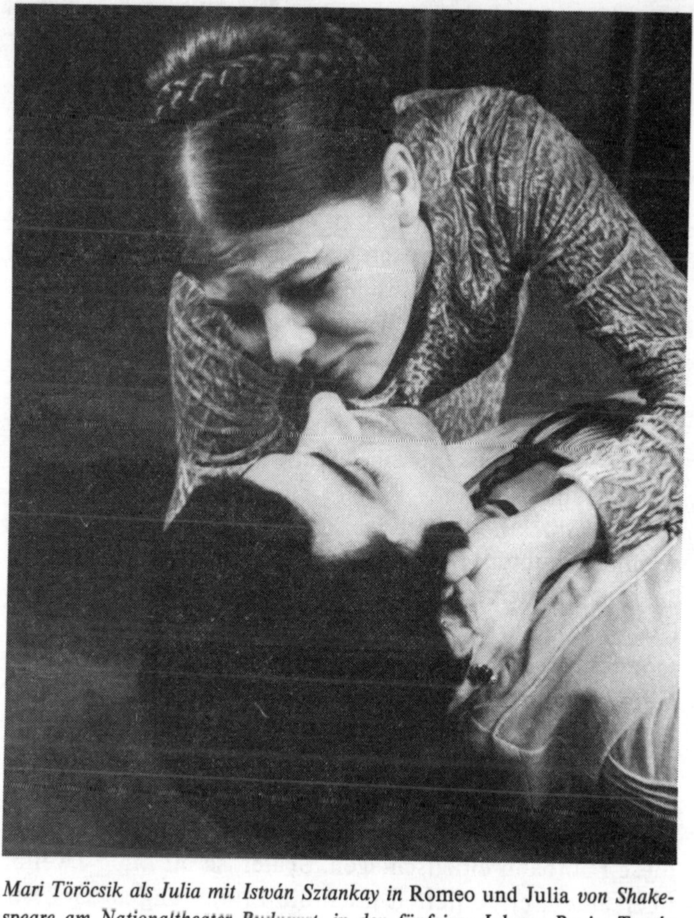

Mari Töröcsik als Julia mit István Sztankay in Romeo und Julia *von Shakespeare am Nationaltheater Budapest, in den fünfziger Jahren; Regie: Tamás Major*

tenden Schauspielern. Doch das brachte mir nicht viel Erfolg. Zu meinem Nachteil verglich man mich mit meinen Partnern und erwartete von mir Fähig- und Fertigkeiten, die ich einfach noch nicht besaß und auch nicht besitzen konnte. Wenn ich die Bühne betrat, sah man in mir nicht eine Anfängerin, sondern den Filmstar. Durch die Kritiken fand ich dann zwar zu mir selbst, doch geriet ich wegen der vielen Schwierigkeiten in ständige Konflikte. Diese Krise überwand ich, als mir klar wurde, daß der Schauspieler menschlich reifen, einen großen Wirklichkeitsbezug in sich aufnehmen, darum kämpfen muß, aus sich heraus Wesentliches in eine Rolle einzubringen. Solange man weder über entsprechende Fachkenntnisse noch Ausdrucksmittel verfügt und sich noch nicht zu einer individuellen Künstlerpersönlichkeit entwickelt hat, gibt es im Grunde nur zwei Möglichkeiten: entweder andere zu kopieren, ihnen nachzueifern, Erfolge mit einer »geliehenen Persönlichkeit« zu ernten oder noch zu warten.

Lange zweifelte ich an mir. Wurde zum Beispiel bei einer Probe meine Leistung von fast allen lautstark bejaht und nur einer flüsterte ein Nein, so neigte ich dazu, nur dieses Nein zu hören.

Zum Glück begegnete ich immer wieder Menschen, die an mich glaubten. Bei Endre Gellért – dem großen Meister des ungarischen realistischen Theaters, hatte ich an der Hochschule nur ein Jahr lang Unterricht, doch seine unbeschreibliche Ausstrahlung und seine großen pädagogischen Fähigkeiten haben sich auf mein ganzes Leben ausgewirkt. Bei einer Auswahlprüfung beobachtete er uns meist mit unbewegtem Gesicht. Doch selbst wenn er nur ein einziges Mal lächelte, gab uns das Mut. Wenn Gellért auflachte oder nickte, hatten wir das Gefühl, daß es sich doch lohnte, diese Laufbahn einzuschlagen. Später, so oft mich Zweifel überkamen, ermunterten mich die Erinnerung an Gellérts Lächeln und seine Einschätzung, daß ich nicht untalentiert sei. Er glaubte an mich, wenn er mir eine Rolle übertrug. Außer ihm bin ich aber auch noch einigen anderen Künstlerpersönlichkeiten sehr verbunden: so Zoltán Fabry, Tamás Major, Zoltán Varkonyi, Miklós Jancsó ... Gellért aber war der erste, und sein Einfluß erstreckt sich bis heute über mein Leben. Glücklicherweise hat keiner dieser erwähnten Künstler versucht, mir seine Persönlichkeit aufzuzwingen. Nicht einer von ihnen beging den Fehler, meine

Mari Töröcsik als Nelli in István Örkénys Schlüsselsucher *– am Theater Szolnok in den sechziger Jahren*

Individualität auszulöschen, mir völlig Wesensfremdes abzufordern.

Viel habe ich von Tamás Major gelernt, der mir als erstes beibrachte, zu lernen. Darauf wurde nämlich auf der Hochschule kaum Wert gelegt. Das wirkt sich später bei den meisten jungen Schauspielern negativ aus. Tamás Major lehrte mich, eine Rolle zunächst nur naiv zu lesen, dann auf die Vorgänge, die Logik des Textes, die Abfolge der Ereignisse und Themen zu achten. Zuletzt zu überlegen, wo ich einsetze, und die Substanz der Szenen meiner Rolle aufzuspüren. Unter Tamás Majors Regie spielte ich unter anderem die Julia. Majors Überlegungen waren großartig, doch wir, das heißt das Ensemble erwies sich als zu feige und kraftlos, die Ideen umzusetzen. Ich erlitt mit der Julia einen Mißerfolg. Dennoch profitierte ich ungeheuer viel aus der gemeinsamen Arbeit. Ich lernte, wie wichtig für eine Rolle das innere Gefühl ist, von dem die Sprache durchdrungen sein muß. Tamás Major, der mich gut kannte und mir vertraute, ließ mir beim Probieren viel Zeit. In einer der großen Szenen beim *Guten Menschen von Sezuan* verfiel ich auf der ersten Probe in einen lyrischen Tonfall. Instinktiv spürte ich, daß das falsch ist und nicht der Brechtschen Sprache entspricht. Als das Stück dann hintereinander ablief, fand ich plötzlich den richtigen Ton ... Das war kein Zufall, und keine Indisponiertheit war dem vorausgegangen, vielmehr hatte ich eine logische Arbeitsphase konsequent durchlaufen.

Mit Tamás Major habe ich übrigens häufig zusammengearbeitet. Er und Zoltán Fábry sind Regisseure, zu denen ich auch als Statist ginge, wenn sie mich darum bäten. Nicht aus Dankbarkeit, sondern weil ich überzeugt wäre, daß hinter einer solchen Entscheidung keine persönlichen Interessen stecken, sondern Überlegungen, die dem Werk dienen. Als Tamás Major den *Bartholomäusmarkt* von Johnson inszenierte, übernahm ich die kleinste Frauenrolle. Ich tat das, weil ich bei dieser Inszenierung mitwirken wollte, auf die sich Major und sein Ensemble damals vorbereiteten und die von bekenntnishafter Bedeutung war.

Wenn ich es recht überlege, so habe ich eine längere Zeit meines Lebens im Nemzeti Szinház verbracht als in meinem Elternhaus. Das ist keine Übertreibung, sondern läßt sich durchaus mit Fakten belegen. Meine Laufbahn führte mich von der Hochschule aus direkt an dieses Theater. Zu meinem Klassikerrepertoire gehörten auch Cordelia, eine Hauptrolle in *Was ihr wollt*, Elektra, die Hermione in Shakespeares *Wintermärchen.* Ich war das Straßenmädchen Shen Te, und die Heilige Johanna der Schlachthöfe (in Brechts Stücken), die Schöne Helena in Hacks' Operette. Später schied ich aus dem »zu Hause«, dem Nemzeti Szinház, wegen Gastspieltätigkeit zunächst aus.

Die heutigen ungarischen Dramatiker verwöhnen mich (leider) nicht mit Rollen. Trotzdem möchte ich von den

Mari Töröcsik als Shen Te in Bertolt Brechts Der gute Mensch von Sezuan *am Budapester Nationaltheater; Regie: Tamás Major*

Gegenwartsrollen einige hervorheben: an erster Stelle die Nelli Foris in István Örkénys Tragikomödie *Die Schlüsselsucher.* Außerdem eine wunderbare Mutter-Rolle in Endre Fejes' Drama *Die Heirat der Margit Cserepes.* Ich übernahm die Rolle dieser seltsamen Mutter damals zur Blütezeit des Fünfundzwanzigsten Theaters, weil ich mit dem Regisseur István Iglodi schon mehrmals am Nemzeti Szinház zusammengearbeitet hatte, und auch Dezsö Gatas zuliebe, mit dem gemeinsam auf der Bühne zu stehen und zu spielen eine Freude ist. Und nicht zuletzt auch wegen Endre Fejes, mit dem mich eine lange Freundschaft verbindet. Außerdem glaube ich, daß Gastspiele für einen Schauspieler nützlich sind. Ein anderes Theater, andere Kollegen regen zu neuen Ausdrucksmöglichkeiten an, bereichern einen mit neuen Eindrücken.

Mari Töröcsik als Mrs. Peachum in der Dreigroschenoper *von Bertolt Brecht mit Dezsö Garas am Budapester Nationaltheater – 1981; Regie: Juri Ljubimow*

Über Jahre war ich »professioneller Gast«. Ein Vertrag verband mich auch mit dem unbestritten modernsten Theater Ungarns, dem in Györ. Der in Siebenbürgen lebende hervorragende ungarische Regisseur, György Harag, übertrug mir anläßlich seiner Gastregie in Györ die Rolle der Katerina in Ostrowskis *Gewitter.* Ich liebe dieses Drama. Als ich die Rolle übernahm, war ich überzeugt, daß György Harag sie anders als üblich anlegen wollte. Ich wußte, daß ihn ebenso wie auch mich der aktuelle Bezug von *Gewitter*, die Suche nach Selbstverwirklichung und Freiheit der Katerina interessierte. Aber selbst in den Jahren, in denen ich nicht allzuviel zu spielen hatte, lernte ich. Ich hatte die Mutter Courage (unter István Iglodis Regie) gespielt, außerdem in vielen Filmen und Fernsehspielen mitgewirkt. Besonders interessant war die Arbeit mit dem Regisseur Gyula Maár. Zusammen mit ihm erarbeitete ich einen Dokumentarfilm für das Fernsehen, den spannenden Bericht einer Reise durch Vietnam. Ich war in diesem Film nicht nur die Hauptdarstellerin des Cheo-Theaters, sondern trat auch als Reporterin und Kommentatorin in Erscheinung.

Eine meiner letzten Arbeiten war die Rolle der Mrs. Peachum in Brechts *Dreigroschenoper* am Nationaltheater. Ich liebe dieses Stück. Mir blutete das Herz, als meine Kommilitoninnen 1958 mit der *Dreigroschenoper* ihre Prüfung bestritten, ich aber wegen Filmverpflichtungen keine Rolle übernehmen konnte. Für mich war es ein unvergeßliches Erlebnis, Manyi Kiss als Missis Peachum zu erleben. Selbst einmal diese Rolle spielen zu dürfen, hatte ich nie zu träumen gewagt. Wenn ich meine Entwicklung resümieren sollte, würde ich abschließend sagen: Es war immer mein Bestreben, auf der Bühne glaubhaft zu wirken. Dabei ist überhaupt nicht wichtig, wie ich aussehe, was für eine Rolle ich spiele und so weiter, sondern nur, daß der Zuschauer mich akzeptiert. Wichtig für mich ist, daß ich meine Gedanken und meine Gefühle ausdrücken, in meine Rollen mit einbringen kann. Wenn ich einen Knopf betätigen könnte, um die Zeit anzuhalten, so würde ich das jetzt tun. Um so alt zu bleiben, wie ich bin, und um all die Erfahrungen, die Verantwortung und Reife in mir speichern zu können, die ich im Laufe meiner Entwicklung gewonnen habe und die ich nicht wieder verlieren will.

Aufgezeichnet von Anna Földes

Michail Uljanow

Zum Theater kam ich, offen gesagt, rein zufällig. Ich wuchs in einer kleinen Stadt Sibiriens auf, wo es jahrhundertelang kein Theater gegeben hatte. Erst während des Krieges wurde dorthin eine kleine Truppe evakuiert, die Theater spielte, und wir, ein paar Jungen und Mädchen, wirkten in Massenszenen und kleinen Rollen mit, da es nicht genügend »richtige Schauspieler« gab. Künstlerischer Leiter dieses Ensembles war Proswetow. Er gründete schließlich auch ein Studio, wohin ich wiederum ganz zufällig gelangte, aus Neugier, noch grün hinter den Ohren ... Ich ging dort hin, und war dann von der Arbeit so fasziniert, daß ich schließlich 1944 nach Omsk fuhr, ans Studio des dortigen Gebietstheaters. Allerdings hatte ich damals bereits begonnen, über vieles nachzudenken. Und 1946 reiste ich schließlich nach Moskau ... Heute sagt sich das leicht: Ich fuhr weg, ging dorthin, wurde angenommen – damals jedoch war vieles dem Zufall überlassen, und ich selbst war ein komplizierter Mensch und zugleich noch sehr unfertig. Beispielsweise bewarb ich mich an der Schtschukin-Theaterhochschule beim Wachtangow-Theater nur deshalb, weil diese Truppe während der Evakuierung in Omsk weilte. Dennoch haben all diese Zufälle mich schließlich auf einen Weg geführt, den ich nun bereits jahrzehntelang gehe ... Seit über 30 Jahren arbeite ich an diesem Theater, das kürzlich seinen 60. Geburtstag beging und das vor allem durch seine Schauspieler berühmt geworden ist. Das Wachtangow-Theater ist ein Haus mit eigener Ausbildungsstätte, man wird dort zum selbständigen Denken erzogen. Ganz eigene Traditionen prägen das unverkennbare Gesicht dieses Theaters. Ich arbeite an einer

Michail Uljanow in dem Film Schlacht unterwegs, *als Bachirew – 1961; Regie: Wladimir Bassow*

Bühne, wo es geglückt ist, prägnantes theatralisches Spiel mit der psychologischen Aufschlüsselung einer Rolle zu verbinden und wo ich so unterschiedliche Rollen wie den Brighella in *Prinzessin Turandot* oder Shakespeares Antonio darstelle. Ich arbeite sowohl im Theater als auch beim Film, weil ich meine, daß ein Schauspieler, der ausschließlich vor der Kamera steht, nicht bestehen kann: Ihm geht rasch die Puste aus. Gewiß bringt der Film einem Darsteller ungewöhnliche Popularität. Er hat sich einem riesigen Auditorium zu stellen, und es existieren ganz eigenständige Bedingungen und eine eigene ästhetische Spezifik, aber das Theater formt den Schauspieler und verhindert, daß er »Speck ansetzt« oder nur für sich allein lebt. Im Film ist man ausschließlich für sich und den Regisseur da. Die Arbeit verläuft, obwohl das paradox klingt, sehr isoliert für den Schauspieler/Regisseur, realisiert sich im Grunde nur über einen selbst. Ich kann mich irren, er kann sich irren, und diese Irrtümer lassen sich später nicht einmal mehr korrigieren. Dieses Abtrennen von schöpferischem Moment und fertigem Arbeitsprodukt auf der Leinwand ist für den Schauspieler eine ungewöhnlich schwierige Sache. Im Theater dagegen arbeite ich vor den Augen der Zuschauer. Der Zuschauer wird zu meinem Beobachter – der Regisseur zu meinem Meßgerät, das sofort auf meine Fehler reagieren kann, auf meine Siege, auf jeden richtigen und falschen Schritt. Ich verändere, koordiniere, arbeite, kürze. Der Prozeß permanenter Vervollkommnung einer Rolle verläuft nämlich über den Zuschauer. Seine Aufmerksamkeit, sein Interesse prägen mein Spiel. Das ist die wichtigste Schule, die es für einen Schauspieler gibt, über die aber der Darsteller im Film nicht verfügt. Ich bringe diese Erfahrung aus dem Theater mit vor die Kamera.

Zweifelsohne gibt es auch hervorragende Filmschauspieler, die nie auf der Bühne standen, aber das sind Ausnahmefälle, während das Theater Beispiele in Hülle und Fülle liefert, daß ein ausgezeichneter Interpret auf der Bühne auch vor der Kamera besteht. Ich habe mich, übrigens wie viele Schauspieler, auch auf die Regie »gestürzt«. Viele Darsteller werden zu Produzenten und Regisseuren schon deshalb, weil sie genug Erfahrung besitzen, um einen Film nicht nur hinsichtlich der eigenen Rolle, sondern insgesamt zu erfassen. Man wird Regisseur, und zwar nicht nur, um sich selbst zu behaupten oder vom Regiediktat eines anderen loszukommen, sondern auch deshalb, weil die Regiearbeit Möglichkeiten für einen erweiterten Blickwinkel auf die Realität bietet. Immerhin hat ein Regisseur das gesamte »Orchester« in seiner Hand, während ich als – sagen wir – »Trompeter« nur eben meinen Part blase und sonst nichts. Die Gier, alle Instrumente zu beherrschen, läßt einen nicht los und drängt einen schließlich auf den Regiestuhl.

Hinzu kommt auch noch der Mangel an guten Regis-

Michail Uljanow als Dmitri Karamasow in Iwan Pyrjews Film Die Brüder Karamasow – *1968*

seuren. Wer will schon einem schlechten Regisseur ausgeliefert sein und eine Konzeption verwirklichen, die ihm von diesem »Talent« aufgezwungen wurde. Große Regisseure sind selten: Meist hat man es mit mittelmäßigen Handwerkern zu tun. Von ihnen gibt es überall viele. Da will man also einfach einmal seine eigene Kraft ausprobieren. Nun ja, nicht alle stehen das durch. Auch ich habe es versucht. Im Film beendete ich gemeinsam mit Kirill Lawrow *Die Brüder Karamasow*, inszenierte selbständig den *Allerletzten Tag* – und im Theater brachte ich *Richard III.* und Schukschins *Stenka Rasin* auf die Bühne. Im Theater habe ich immer noch einen Co-Regisseur gewählt; ich wollte die Schauspielerei nicht aufgeben. In beiden Inszenierungen spielte ich die Hauptrolle. Aber ich glaube nicht, daß spielen *und* inszenieren auf die Dauer möglich ist …

Der Beruf des Schauspielers ist wunderbar. Ein Schau-

Michail Uljanow als Aprikosow in dem Film Privatleben *von Jurij Raisman – 1982*

spieler, so hat es einst Hamlet gesagt, vermag Spiegel und Chronik seiner Zeit zu sein. Darin liegen Reiz, Schönheit und Schwierigkeit meines Berufes. Oft ist der erfolgreiche Weg eines Schauspielers nur kurz. Er lebt zwar noch, arbeitet auch noch viele Jahre, aber seine Zeit ist vorbei … Mancher blüht nur in einer Rolle auf, ein anderer markiert einen bestimmten Zeitabschnitt mit. Selten währt es ein ganzes Leben. Eine neue Generation wächst heran. Sie bringt neue Ideen, neue Mittel ein. Seine Mittel taugen nicht mehr ... Der Generationswechsel verläuft permanent; ich meine das nicht in einem physischen oder physiologischen Sinne ... Junge Leute erreichen den Zuschauer plötzlich besser als ich – bei all meiner Erfahrung. Möglicherweise erkenne ich das sogar, aber an irgendeinem Punkt beginne ich zurückzubleiben. Das Tempo der Entwicklung ist gewachsen ... Insgesamt.

Meine Rolle im *Vorsitzenden* basierte auf dem glücklichen Zusammentreffen von Umständen (dem XX. Parteitag, der Suche nach neuen Wegen im Leben usw. usf.) – die Realität machte gerade diesen Helden möglich. Zehn Jahre später wäre er zu spät gekommen. Doch zum Glück denkt kein einziger Schauspieler mit gesundem Menschenverstand allzu lange über diese ganzen Probleme nach. Der Mensch lebt mit den naheliegenden Aufgaben. Jetzt – wenn das Gespräch erscheint, ist das auch schon längst Vergangenheit – drehe ich bei Raisman, spiele einen Mann, der ein hoher Funktionär war, den man abgelöst hat und der nun gezwungen ist, in die Talsohle des Lebens hinabzusteigen. Plötzlich entdeckt er die Welt der eigenen Familie – die der Gattin, des Sohnes, die der Tochter, die seiner ehemaligen Sekretärin und des einstigen Stellvertreters, von dem er früher überhaupt nichts wußte. Plötzlich und unerwartet stellt sich für ihn heraus, daß nicht er der Mittelpunkt der Welt ist, sondern daß neben ihm noch eine ganze Reihe anderer, komplizierter und interessanter Welten bestehen – und daß man mit ihnen leben muß, in Abstimmung mit der eigenen Welt. Der Film endet damit, daß man diesen Mann wieder in seine Funktion zurückberuft. Dorthin aber geht er, wie ich hoffe, als ein anderer...

Filmen, bloß um »dabei« zu sein, erscheint mir recht sinnlos. Die künstlerisch-politische Verantwortung ist schon sehr wichtig. Panfilows *Thema* beispielsweise war für mich ein Wendepunkt in meiner filmschauspielerischen

Tätigkeit; Raisman wiederum ist ein interessanter Regisseur. Vor kurzem spielte ich eine für mich recht ungewöhnliche Rolle, eine Art modernen Don Quichote, in *Die letzte Flucht*. Dies ist eine »kleine« Geschichte, die mir aber sehr am Herzen liegt, weil sie von einem komischen, ja wunderlichen und gutmütigen Alten erzählt. In der Welt, in der wir wohnen, besonders in den großen Städten, wo die Menschen sehr dicht beieinander leben, verschließen sie sich oft müde und abgehetzt voreinander; Frustrationen sind die Folge. Mitunter schreckt uns in dieser übervölkerten Stadt ein Hilfeschrei auf, der den Eindruck eines ungehörten Rufes in der Wüste hinterläßt. Und es ist ein Glück, wenn in solchem Moment ein Mensch da ist, der bereit ist zu helfen. Einen solchen Menschen spiele ich.

Jeder Schauspieler verfügt über bestimmte Möglichkeiten. Aber er hat auch seine Grenzen. Er verfügt über bestimmte Fertigkeiten und Gewohnheiten. Das legt ihn im Rollenfach oft fest. Meine Helden waren meist kräftige, sozial engagierte Männer, die mit beiden Beinen im Leben stehen. In Gleb Panfilows Film *Thema* aber hat man mir die Rolle eines Menschen angeboten, der sein Leben unnütz gelebt hat, der sich selbst viele Male belogen hat und das endlich, in bereits seriösem Alter, begreift. Besonders dramatisch wird die Geschichte dadurch, daß dieser Mann Schriftsteller ist. Der Film endet mit seinem Tod. Es bleibt unklar, ob Selbstmord oder ein Autounfall die Ursache gewesen ist. Für mich war das nicht nur eine ungewöhnliche Rolle, sondern ich konnte endlich gegen mein stereotypes Rollenfach anspielen, auf das ich seit Jahren festgelegt bin. Dieses Schicksal, festgelegt zu werden, ereilt übrigens fast jeden Schauspieler. Und spielt er einmal gegen sein Klischee, reagiert der Zuschauer auch noch ziemlich heftig darauf. Besonders das Kino-Publikum gewöhnt sich daran, einen Schauspieler in einem bestimmten Rollenfach immer und immer wieder zu erleben; erobert er sich ein anderes Gebiet, gilt er mitunter sogar als Verräter. Ich habe das

Michail Uljanow als Marschall Shukow in Jurij Oserows Film Schlacht um Moskau – *1983*

wiederholt zu spüren bekommen. Im Theater weniger. Wenn jedoch diese Inszenierungen im Fernsehen gezeigt wurden und ein Millionenpublikum erreichten, erhielt ich oft ziemlich rüde Briefe. So hatte ich zum Beispiel in dem sowjetischen Gegenwartsstück *Tag für Tag* einen positiven Helden zu spielen, verlieh ihm aber gewisse negative Züge. Zunächst sollte dieser Mann Verachtung und Antipathie provozieren, dann aber erschloß er sich als interessanter, großer Charakter. Das Stück war schwach, es langweilte mich, diese Rolle zu spielen. Deshalb entschied ich mich

Michail Uljanow als Ehemann in Nikita Michalkows Film Gespräch ohne Zeugen *mit Irina Kuptschenko – 1984*

für diesen schauspielerischen Trick. Dieser Trick hatte Erfolg im Theater, und das eigentlich recht langweilige Stück wurde wahrscheinlich deswegen vom Publikum angenommen. Nach der Fernsehausstrahlung aber stürzte eine ganze Flut von Briefen auf mich ein. Man warf mir vor, ich hätte angeblich die Spielregeln übertreten, was hätte ich denn nun dargestellt: einen guten oder bösen Menschen, einen positiven oder einen negativen Helden. Die Zuschauer waren völlig konsterniert. Man war gewohnt, rot als rot zu sehen und weiß als weiß – wie im Kabuki-Theater.

Wenn aber das Weiß rot wird und umgekehrt, dann droht die allgemeine Konfusion beim Publikum in Aggressionen umzuschlagen. Dafür mag es unterschiedliche Gründe geben, auf alle Fälle aber ist es ungewöhnlich schwer, das vom Zuschauer gewünschte Klischee zu zertrümmern.

Man kann auf zwei Arten an eine Rolle herangehen. Einmal kann das Interesse am Stoff, am Problem selbst ausschlaggebend sein und dann schert es mich nicht, ob ich ein guter Schauspieler in dieser Rolle bin oder nicht. Ein anderes Mal jedoch kann es der Charakter einer Figur sein, der mich reizt und mich nötigt, meine Möglichkeiten und Grenzen zu testen. In den letzten Jahren spielte ich auf der Bühne Richard III. und Stepan Rasin. Das sind starke Naturen, die mich als Schauspieler wie auch als Regisseur unerhört reizten und herausforderten. Es gibt Rollen, die helfen einem als Künstler den quälenden Problemen und Überlegungen zur Gegenwart Ausdruck zu verleihen – andere wiederum ermöglichen die Realisierung bestimmter schauspielerisch-»technischer« Aufgabenstellungen.

Richard ist eine große, komplizierte Rolle, die immer neu interpretiert wird – abhängig von den jeweiligen gesellschaftlichen Bedingungen. Die einen machten aus ihm einen Dämon, die anderen eine Ausgeburt der Hölle, wieder andere einfach einen Bösewicht oder aber einen Clown beziehungsweise einen Schauspieler, der stets sein Gesicht verändert. Wir haben ihn als einen Mann aufgefaßt, der nicht wegen seiner Fähigkeiten oder Talente an die Macht kommt, sondern weil die Welt um ihn her zerrissen ist und wie Unkraut durch aufgebrochenen Asphalt wächst; auch in der Welt existieren viele Risse, Bruchstellen. Das Unkraut wächst hindurch. Uns interessierte also nicht die große Einzelpersönlichkeit, sondern der Urgrund, auf dem dieses »Unkraut« entsteht: die Entfremdung. Jeder auf dieser Welt schlägt seinen Kragen hoch, hat eigene Interessen, nationale, religiöse, politische und was sonst noch für welche … Dazwischen bahnen sich dann die Richards ihren Weg.

Stenka Rasin hingegen ist eine der poetischsten Figuren in der russischen Geschichte. Über keinen anderen hat man so viele Lieder ersonnen. Diese Figur scheint beinahe einem Märchen zu entstammen, einer Legende. Er besitzt großartige Anlagen und ist doch ein blutvoller Mensch. Trotzdem habe ich mich nicht so sehr dem historischen Rasin zu nähern versucht als vielmehr dem Stenka, hinter dem sich im Grunde der Autor Wassili Schukschin versteckt. Das heißt: Schukschin wurde für mich Brücke und Lockvogel hin zu dieser Figur. Mit seiner Sicht auf Rasin, der Deutung seines Charakters als einen sehr russischen, von Widersprüchen zerrissenen Charakter, konnte ich mich rasch identifizieren. Rasin war ein Mann, der viel zu früh auf die Welt gekommen war. Es gab keine Möglichkeiten für ihn, alle die Probleme zu lösen, die einer dringenden Lösung bedurften. Daraus erwuchs seine Tragik, erwuchsen Einsamkeit und Irrtümer. Sowohl die persönlichen als auch die gesellschaftlichen. Und die Zweiheit seiner Seele wurde sein Drama. Nein, dieser Charakter konnte mir nicht nur zur Illustration von Historie dienen, vielmehr gab er Anlaß zum Nachdenken … Auch für die Zuschauer.

Aufgezeichnet von Oksana Bulgakowa und Dietmar Hochmuth

Paula Wessely

Gedrängt, mir ihre Biografie mitzuteilen, hat Paula Wessely sich geweigert. Ihr Leben sei zu reich, als daß es sich in einem »Garderobengespräch« erfassen ließe. Sie wähle deshalb nur einen bestimmten Lebensabschnitt aus – die Zeit am Deutschen Theater Berlin; es blieb dann – zum Glück – nicht bei der selbstgesetzten Begrenzung. Nahezu zwangsläufig ergaben sich »Ausflüge« in die Jugendjahre und spätere Zeiten. Was nicht direkt von ihr im Gespräch vermittelt wurde, versuche ich durch kurze Kommentierungen wiederzugeben.

Paula Wessely wurde am 20. Januar 1907 in Wien geboren. Ihr Vater, Carl Wessely, war Fleischhauer, die Mutter Anna, geb. Orth, half dem Mann im Geschäft, und die zweite und jüngste Tochter, Paula, arbeitete als junges Mädchen mit im Laden, stand an der »Kassa« im Fleischhauergeschäft und bediente Kunden. Hatte Begegnungen mit Menschen unterschiedlichster sozialer Schichten, beobachtete sie und lernte Realität und diffiziles menschliches Verhalten zu erkennen.

Die Vorfahren von Paula Wessely waren Handwerker; die Mutter zeigte als Kind eine ungewöhnliche tänzerische Begabung, entsagte aber der künstlerischen Berufung. Der Vater, ein Theaterenthusiast, besuchte, so oft es ihm möglich war, das Deutsche Volkstheater; seine Schwester Josephine wurde Schauspielerin, wirkte am Burgtheater, verstarb jedoch sehr jung. Möglich, daß all diese künstlerischen Ambitionen in der Begabung von Paula Wessely kulminierten. Sie selbst wollte zunächst Lehrerin werden (sie galt als vorbildliche Schülerin und wird als ausgesprochen heiteres Kind geschildert). Ihre Deutschlehrerin, Ma-

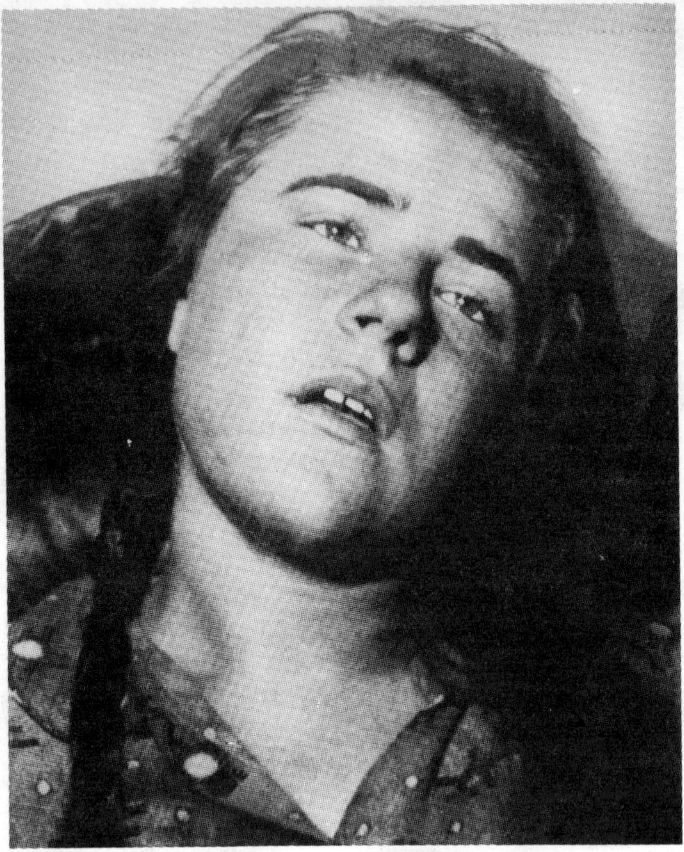

Paula Wessely als Rose Bernd in Gerhart Hauptmanns gleichnamigem Schauspiel am Deutschen Theater Berlin – 1932; Regie: Karl Heinz Martin

deleine Gutwenger, erkannte jedoch sehr früh das ungewöhnliche Talent ihrer Schülerin. Als eines Tages im Unterricht von einer Klassenkameradin ein Gedicht vorgetragen wurde und dieser Vortrag Paulas Unwillen erregte, forderte Frau Gutwenger sie auf, es besser zu machen. Und Paula Wessely, so wird berichtet, rezitierte das Gedicht so außerordentlich, daß die ganze Klasse nicht nur atemlos lauschte, sondern die kluge Pädagogin begriff, hier sei ein ungewöhnliches Talent. Sie war es denn auch, die den Eltern Wessely nahelegte, Paula zur Schauspielerin ausbilden zu lassen, wogegen diese nichts einzuwenden hatten. Im Akademietheater sprach Paula einer Prüfungskommission die Edritha aus Grillparzers *Weh dem, der lügt*, einen Monolog aus Goethes *Iphigenie* und ein Gedicht von Ferdinand von Saar vor. Sie wurde sofort für das Herbstsemester 1922 an der Schauspielakademie angenommen.

»Mit fünfzehn Jahren ging ich an die Akademie für Musik und Darstellende Kunst, das heutige Reinhardt-Seminar. Ein Jahr lang mußte man ›an der Wand sitzen‹ und durfte nur zuschauen, was die Schauspielschülerinnen des zweiten Studienjahres spielten. Wir mußten lernen, zuhörend lernen. Schauen und lernen. Erst nach einem Jahr durften wir selbst spielen. Das war hart, man wollte ja gefordert sein, ›drankommen‹, zeigen, was man konnte.« Also wurde zur Eigeninitiative gegriffen, die Akademie-Studenten veranstalteten auf eigenes Risiko Aufführungen. Mit Erfolg. Und Paula brillierte in den unterschiedlichsten Rollen, beeindruckte aber ganz besonders als Renate in Max Halbes Drama *Der Strom.*

1924 wird sie ans Volkstheater Wien geholt und debütiert mit der Rolle der Zofe Josephine in Sardous *Cyprienne.* Sie fällt auf und wird lobend in der Presse erwähnt. Volkstheater und Raimundtheater stehen unter der gleichen Leitung. Am letztgenannten Haus spielt Paula unter der Regie von Karl Heinz Martin die Lydia Zipfel in Frank Wedekinds *Franziska.* »Meine erste Begegnung mit einem bedeutenden Regisseur und mit Tilla Durieux als Franziska. Zwei Monate gastierten wir mit dieser Aufführung in Berlin, spielten am heutigen Hebbel-Theater das Stück en suite. Das Berlin der zwanziger Jahre machte einen unbeschreiblichen Eindruck auf mich. Natürlich hab' ich erst mal nur davon genippt. Aber von nun an hab' ich mir viele bedeutende Aufführungen in Berlin angeschaut, Schauspiel, Operetten – ich hab' Richard Tauber auf der Bühne erlebt, alle Großen der damaligen Zeit. Einige von ihnen hatte ich bereits in Wien gesehen. Unter der Direktion von Dr. Rudolf Beer gastierten bedeutende Darsteller am Volkstheater, und wir Anfänger durften statieren, standen neben Asta Nielsen, Eugen Klöpfer, Max Pallenberg, Fritz Kortner und Tilla Durieux auf der Bühne.«

Zunächst wird Paula Wessely allerdings vorwiegend auf Boulevard-Rollen festgelegt. Aber selbst in diesen teils belanglosen Rollen fällt sie auf. Sie spielt sich frei. Sie unternimmt ausgedehnte Gastspielreisen, die sie bis in die Niederlande und nach Budapest führen. Sie wird in der Presse als große Begabung gefeiert. Ein Angebot aus Prag kommt – sie folgt dem Ruf an das dortige Deutsche Theater: »Wenn ich was zu spielen hab', dann bin ich lieber in Prag, als daß ich in Wien spazierengehe!« Sie hat zu tun in Prag, Riesenrollen, zwar wiederum in Boulevardstücken, aber doch auch die Dorine im *Tartuffe* von Molière und eine ernste Rolle in Gerhart Hauptmanns *Kollege Crampton.*

1927/28 kehrt sie ans Volkstheater Wien zurück – um der gefeierte Liebling des Wiener Publikums zu werden. Sie darf zum zehnjährigen Todestag Frank Wedekinds die Wendla Bergmann (neben Luise Ullrich) in *Frühlings Erwachen* spielen. Eine neue Richtung der Entwicklung deutet sich an.

Paula Wessely wechselt 1929 ans Theater in der Josefstadt Wien über. Ihre Antrittsrolle ist die Kiki in einem französischen Schwank, sie wird »zur Sensation des Abends«. Sie spielt Rolle auf Rolle, wird im Sommer 1930 erstmals zu den Salzburger Festspielen verpflichtet und debütiert dort mit der Luise in Schillers *Kabale und Liebe.* Die Kritik resümiert: sie sei »vielleicht keine Schillersche Luise«, aber eine, die »fest und kräftig im Boden wurzelt«, von der man »Töne, Gesten, Entschleierungen von Willen und Naturhaftigkeit« erlebte, »die nur ein ganz starkes Talent zur Verfügung hat«.

Endlich hatte sie eine ihrer Lieblingsrollen verkörpern

Paula Wessely als Heilige Johanna in Bernard Shaws gleichnamigem Stück am Deutschen Theater Berlin – 1934; Regie: Heinz Hilpert

dürfen, eine tragische Figur. »Ich bin 1907 geboren, 1914 zur Schule gekommen, zu früh habe ich das Wort Weltkrieg in seiner ganzen schrecklichen Tragweite begriffen. Ich bin gezeichnet davon. Das Tragische hatte mich gestreift und hat mich in meinen Rollen begleitet.«

1932 jährte sich der 70. Geburtstag Gerhart Hauptmanns. »Man bot mir an, am Deutschen Theater Berlin die Rose Bernd unter der Regie von Karl Heinz Martin zu spielen, der mit mir bereits die Lydia Zipfel in *Franziska* erarbeitet hatte. Jede Aufgabe ist eine Prüfung, eine zitternde Freude – ich griff sofort zu – ich spielte die Rose Bernd –, es war eine große wichtige Prüfung für mich. Nach der Premiere urteilte der gefürchtete Kritiker Alfred Kerr: »Der Siebziger Hauptmann findet noch einmal ... ein junges, entschlossenes Geschöpf, das seiner Menschenkunst wert ist ... Es ist ein herrliches Glück für ihn: daß er im Huldigungsjahr und Feierjahr, während die Else Lehmann längst bürgerstill ausruht, während die Höflich zergangene Frauen durchlebt, während die Dorsch zu den Müttern wechselt: daß ihm, abermals, eine Zwanzigerin erblüht, Paula Wessely aus Wien, der todsicher bestimmt ist, in diesem Bund die vierte zu sein.« – »Der Aufführung am Deutschen Theater schloß sich eine 3-Wochen-Tournee an, eine anstrengende Tournee. Oft mußten wir früh um drei Uhr aufstehen, die Sachen packen, zum nächsten Theater reisen, die Proben begannen ... Es war eine harte Schule, aber es war auch eine wunderbare Zeit.

Der Durchbruch mit der Rose Bernd in Berlin ermöglichte mir die Bekanntschaft und Begegnung mit interessanten Menschen, die im gesellschaftlichen Leben Berlins eine wichtige Rolle spielten. Ich lernte das Ehepaar S. Fischer kennen – unvergeßlich die Einfachheit dieser Menschen! –, Reinhardt, mit dem ich ja schon in Salzburg bei *Kabale und Liebe* gearbeitet hatte, war noch in Berlin, ich begegnete Gerhart Hauptmann, er kam zu den Premieren – was für ein wundervolles Haupt! –, und ich durfte

Paula Wessely als Hero in Franz Grillparzers Des Meeres und der Liebe Wellen *am Deutschen Theater Berlin mit Erika Dannhof, Kurt Fischer-Fehling, Albin Skoda, Paul Otto und Kurt Weiße – 1937; Regie: Heinz Hilpert*

später noch seine Dorothea Angermann spielen und zu seinem 80. Geburtstag Griselda (die allerdings in Wien). Ich habe an vielen Theatern gearbeitet, aber die Erinnerung an das Deutsche Theater ist unvergeßlich: es ist das schönste der Welt. Allein die wundervolle Akustik, die Vorbühne – damit kann sich kein anderes Haus messen. Das ideale Theater! Übrigens habe ich immer nur gastweise am Deutschen Theater gespielt. Gleichzeitig war ich auch am Theater in der Josefstadt verpflichtet. Beide Häuser unterstanden der gleichen Direktion, zunächst Max Reinhardts, später, als Reinhardt emigrierte, Heinz Hilperts. 1939 war mein letzter Auftritt am Deutschen Theater, dann kam eine Riesenpause, und erst 1979 trat ich mit einem literarischen Programm wieder auf diese von mir über alles geliebte Bühne.«

Nach dem großen Erfolg mit der Rose Bernd trat Paula Wessely in Wien zunächst in einer Sprechgesang-Rolle

Paula Wessely als Dorothea in Gerhart Hauptmanns Dorothea Angermann *am Deutschen Theater Berlin – 1939; Regie: Heinz Hilpert*

auf, als Sissy (die spätere Kaiserin Elisabeth) in Fritz Kreislers Singspiel. Sie präsentierte sich damit ihrem »alten« Publikum mit Gewohntem, schockierte nicht durch ein »völlig neues Gesicht«. Und die Wiener jubelten »ihrer« Wessely zu.

Aufgaben über Aufgaben folgten: das Gretchen in Goethes *Faust* unter der Regie Max Reinhardts in Salzburg mit Ewald Balser als Faust, Max Pallenberg als Mephisto, Helene Thimig (Reinhardts Frau) als Böser Geist, eine Aufführung, über die Reinhardt schreibt: »Die Szenerie ist grandios, die Wessely über alle Begriffe … das Ganze beglückend.« *Die heilige Johanna* von Shaw unter der Regie von Heinz Hilpert am Deutschen Theater folgt (1934), 1936 die gleiche Rolle am Burgtheater Wien unter Hermann Röbbeling. 1937 die Hero in Grillparzers *Des Meeres und der Liebe Wellen* (Regie Hilpert) am Deutschen Theater Berlin, die Dorothea Angermann (ebenfalls unter Hilpert), Kätchen in Shakespeares *Der Widerspenstigen Zähmung* (Regie Hilpert) am Theater in der Josefstadt Wien und und ...

»1934 – der erste Film. Willi Forst sah mich in einer Rolle am Burgtheater und engagierte mich: ›Gnädige Frau, ich würde mich freuen, wenn Sie in diesem meinem nächsten Film die Rolle der Leopoldine Dur spielen würden. Bitte, lesen Sie das Drehbuch.‹ Ich las es und sagte zu. Ich hatte Klassiker und Boulevardrollen gespielt, konnte also schauspielerische Erfahrungen einbringen und vermochte mich sehr schnell auch auf das neue Medium einzustellen: der Film verlangt besondere Mittel, das weiß man ... An der Seite von Adolf Wohlbrück, Olga Tschechowa und Hans Moser spielte ich in *Maskerade*. Wir haben nur vier Wochen gedreht, manchmal bis zehn Uhr abends. Forst war fabelhaft als Regisseur. Er konnte anfeuern, Stimmung verbreiten – eine herrliche Arbeit!

Es folgten dann weitere Filme – *So endete eine Liebe* (diesmal mit Willi Forst als Partner), *Maria Ilona* (mit Paul Hubschmid), *Ein Leben lang* (mit Joachim Gottschalk), *Späte Liebe* (mit Attila Hörbiger) ... Ich habe bis 1959 – also in genau 25 Jahren – 25 Spielfilme gedreht. Es waren schöne Zeiten, obwohl – es war ja kein Verwöhnen. Aber, der Film war auf uns Schauspieler ausgerichtet. *Wir* waren bestimmend in der gesamten Arbeit.«

In die Zeit der beginnenden Weltkarriere der Wessely – Mitte der dreißiger Jahre – fällt ihre Heirat mit dem Schauspieler Attila Hörbiger (Bruder Paul Hörbigers). 1936 wird die Tochter Elisabeth (Orth) geboren, 1938 Christiane, 1945 Maresa. Alle drei sind in die Fußstapfen ihrer berühmten Eltern getreten und haben sich als Darstellerinnen im Theater (und Film) einen Namen gemacht.

Paula Wessely ging, »erst nach 17 Jahren, in denen ich freischaffend war, zurück an die Burg. Das war 1953.

Meine erste Rolle dort war die Hester in Terence Rattigans *Die lockende Tiefe.* Ich spielte dann unter anderem die Genia in Schnitzlers *Weitem Land*, die Maria Stuart, die Emilia in Kortners Inszenierung von Shakespeares *Othello*, ich spielte auch am Akademietheater (den Kammerspielen der Burg, I. P.), war in Edward Albees Stücken *Empfindliches Gleichgewicht* und *Alles vorbei* besetzt und als Mrs. Rafi in Edward Bonds *Die See.* Schöne Rollen, wichtige Rollen für mich. Klassiker, Gegenwartsstücke. Aufgaben unter der Regie von Pinkas Braun und Rudolf Steinböck, und nicht zu vergessen unter der Regie von Oscar Fritz Schuh in O'Neills *Fast ein Poet* (1958 im Theater am Kurfürstendamm in Berlin) die Rolle der Nora Melody. Attila Hörbiger, mein Mann, spielte die Titelfigur. Er hatte sie unter Schuh bereits in Salzburg gegeben; Schuh inszenierte das Stück in Berlin noch einmal und engagierte mich für die Nora. Eine wunderbare Arbeit – und seit vielen Jahren mein erster Auftritt in Berlin.

Wie ich arbeite? Ich muß so studiert sein, daß ich frisch anfang zu erleben. Ich improvisiere nicht gern. Ich muß alle Hintergründe einer Rolle ausstudieren. Ich tüftele nicht. Die Impression kommt beim Lesen. Der Regisseur muß mir dann Platz lassen, damit ich anbieten kann ... Immer steht die jeweilige Rolle im Mittelpunkt meines Denkens und Empfindens. Es gibt Rollen, die man gern spielt und die dennoch keinen Erfolg haben. Aber sie sind mir lieb. Trotzdem. Eine merkwürdige Eigenschaft habe ich: Mir geht völlig ab, die Handlung eines Stücks zu erzählen. Ich weiß viel um die Figur, die Atmosphäre, um Stimmungen, ich erinnere mich an Momente ... Aber die Handlung? Überhaupt bin ich keine große Sammlerin von Erinnerungen. Ich mußte immer sehr sparsam umgehen mit mir, weil ich die Menschen aufsauge wie ein Schwamm. Ich war auch immer sehr streng zu mir selbst. Wenn ich aber heute Bilanz ziehe, bejahe ich meine Disziplin, die mich viel gekostet hat, die mir aber auch viel ge-

Paula Wessely als Nora Melody in Eugene O'Neills Fast ein Poet *im Theater am Kurfürstendamm Berlin (West) – 1958; Regie: Oscar Fritz Schuh*

bracht hat, und das, obwohl ich nie eine Konkurrenz mit anderen Schauspielerinnen befürchten mußte.

Nach wie vor erfüllt es mich mit Freude, ein positives Lebensgefühl zu haben, mich freuen zu können, zu staunen, über alles, wie es gekommen ist und was ich erlebt habe.

In der Schule war mein Lieblingsgedicht *Über allen Gipfeln ist Ruh'* – dann kam es so anders, diese steile Karriere, diese gipfelstürmende Zeit … Aber ich denke, ich bin wach geblieben, bin nicht eingeschlafen, träume mich nicht nostalgisch zurück. Dieses Wachbleiben verdanke ich meinen Kindern. Durch sie komme ich mit viel Neuem in Berührung. Mich interessiert das Leben, mich interessieren Menschen, neue Literatur, neue Richtungen am Theater …

Ich kenne meine Grenzen, und denen gehorche ich, bis ich nicht mehr bin.«

Aufgezeichnet von Ingeborg Pietzsch

Else Wolz

Es sind fast fünfzig Jahre, daß ich Theater spiele. In Düsseldorf, lang ist's her, war ich die Schauspielkönigin im *Hamlet*, als Gründgens gastierte. Er nahm seine Hornbrille runter, schlenkerte damit herum und sagte: »Zu innig, gnädige Frau, zu innig.« Dann wurde es komödiantisch hart uminszeniert. Das muß kurz vor dem Krieg gewesen sein. Der Peter Lühr, der Hamlet und Mephisto spielte, erfuhr durch die Zeitung, daß Gründgens als Gast aus Berlin kam. Ich mochte Gründgens nicht als Mephisto, war mir zu parfümiert, keine Spottgeburt aus Dreck und Feuer. Als Hamlet fand ich ihn großartig. »Sein oder Nichtsein« hat er auf dem Soffleurkasten sitzend gespielt, und die Hoppe war unten, und er fragte dann runter: »War das zu sehr Arie oder geht das?« Wir waren mit hängender Zunge in der Kulisse, fasziniert von seiner Regie-Arbeit.

Die Düsseldorfer Inszenierung hatte eigentlich Kraus gemacht, Generalmusikdirektor Kraus, der eine leidenschaftliche, aber unglückliche Liebe fürs Schauspiel hatte. Als Gründgens kam, wurde alles umgebaut. Die Schauspielertruppe hatte vorher in irgendeiner Ecke gehockt, er hat alles nach vorn gezogen, eine breite Treppe herunter. Er hat von morgens zehn bis fünf Uhr nachmittags durchprobiert, ohne eine Zigarettenpause, und in drei Tagen war die ganze durchschnittliche Inszenierung verändert.

Übrigens, in Düsseldorf hatte ich als junges Mädchen meine ersten Theatererlebnisse. Ich bin sonntags dreimal ins Theater, in der letzten Dumont-Zeit war das. Mein Vater war Monteur, er wäre leidenschaftlich gern Schauspieler geworden, er hat sich immer furchtbar gern verkleidet. Als ich fünfzehn war, hatte mein Vater gesagt, jetzt kriege er keine Kinderzulage mehr, jetzt solle ich mir eine Arbeit suchen. Da habe ich Buchhändlerin gelernt. Aber weil ich Schauspielerin werden wollte, bin ich dann doch ausgerückt von zu Hause, mit einem kleinen Koffer und 'ner Gitarre unterm Arm. Ich war in der Jugendbewegung ...

Ich wollte auf das Reinhardt-Seminar in Wien. Ich habe das Rautendelein zur Prüfung vorgesprochen, die heilige Johanna, da wurde ich dann mit Stipendium genommen. Im Park von Schönbrunn, mit echtem Mond, gab's eine Schulinszenierung des *Sommernachtstraums* unter freiem Himmel. Ich hab den Puck gespielt, ich habe mir das Gesicht zerkratzt und gemacht und getan. Und Reinhardt sagte: »Kind, Sie sind sehr begabt, aber vorläufig noch eine Maschinenstürmerin!« Das Reinhardt-Seminar, das war eine ganz individualistische Ausbildung. Daß der Schauspieler auch ein gesellschaftliches Wesen ist, das hat damals überhaupt keine Rolle gespielt, das ist mir selbst erst viel später bewußt geworden.

Else Wolz mit Erwin Geschonneck und Willi Narloch in dem DEFA-Film Der Hauptmann von Köln – *1956; Regie: Slatan Dudow*

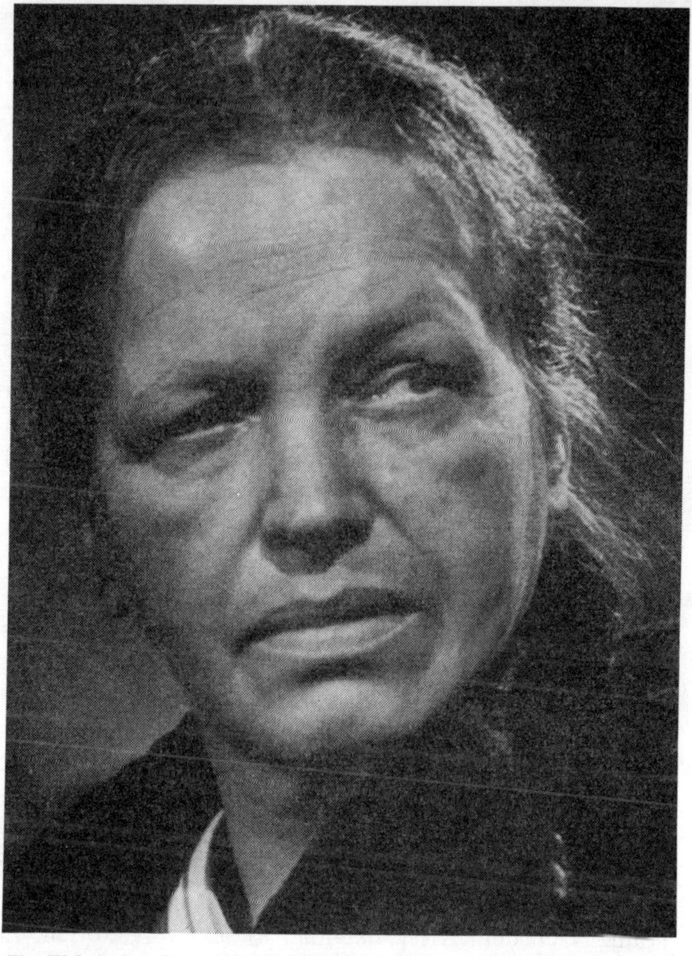

Else Wolz in dem Fernseh-Pitaval Der Fall Jakubowski *beim Deutschen Fernsehen – 1959*

Als Anfängerin ging ich nach München an die Kammerspiele, ich kam gerade zum Einmarsch der Nazis. Wir haben am Karlsplatz gestanden und das angesehen, ich hab' gedacht, das ist ein Spuk, das dauert keine vierzehn Tage ...

Die großen Fächer waren in München erstklassig besetzt. In *Der General und das Gold* war Albert Bassermann zu sehen – ein wunderbarer Schauspieler, weiß jeder, ein zauberhafter Kollege. Ich hab' darin meine erste Negerin gespielt, eine Negerin, die auf einem Kneipentisch tanzt, mit Blumenhütchen und in weißen Fingerhandschuhen.

Und dann bin ich nach Neuß gegangen, weil ich mehr spielen wollte. Dort habe ich mit zweiundzwanzig die Amme in *Romeo und Julia* bekommen. Und da gab's einen Kritiker, Karl Friedrich Kobbe, der schrieb dann, der stumme Schrei der Amme vor Julias Bahre wäre der stärkste Augenblick des Abends. Jedenfalls wurde ich daraufhin zum Vorsprechen nach Düsseldorf bestellt. Die Franziska Kinz spielte die Hanne Scheel und konnte nicht mehr, und da bin ich für sie eingestiegen. Das erste und einzige Mal in meinem Leben mußte ich durch die kleine Tür vor den eisernen Vorhang gehen, beim Applaus. Düsseldorf war schon ein wichtiges Theater. Es gab einen sehr guten jüdischen Regisseur, Walter Ullmann, den haben die Nazis später erschlagen.

Nach sechs Jahren Düsseldorf bin ich wieder an die Kammerspiele nach München zurück. Da war Falkenberg. Ein großartiger Regisseur. Er war dageblieben und hat dann den größten Blödsinn seines Lebens gemacht. Bei irgendeiner Gelegenheit hat er Hitler im Krieg ein Telegramm geschickt: größter Feldherr aller Zeiten. Er sagte, er wollte doch nur seinen Stuhl behalten, seinen Theaterstuhl. Nach dem Krieg hat man es ihm vorgeworfen. Er wurde entfernt und hat es nie begriffen. Dann ist er gestorben. Das ist vielleicht noch extremer als bei Gründgens, Falkenberg hatte immer nur Angst, daß einer auf seinen Platz käme, der schlechteres Theater macht ...

Es ging vielen auch noch 1945 nur um die schauspielerische Substanz. Nur wieder Theater spielen, keine Grundsatzgedanken, daß man jetzt alles anders machen müßte, sondern nur: Wieder spielen! Es ging nahtlos weiter.

Else Wolz – privat – 1962

Nach dem Krieg habe ich in der Münchner Kleinen Komödie zuerst gespielt; Trude Kolman, die Emigrantin, kam aus London wieder, ich hab die Berta in Kästners *Pünktchen und Anton* gespielt. Und wer kam durch die Flügeltür gerauscht, im Pelzmantel? Emmi Göring, die Sonnemann, und wollte die Berliner Kollegen begrüßen! ...

Dabei haben wir aufregende neue Stücke gespielt. Wenn ich nur an Borcherts *Draußen vor der Tür* denke, ich habe in der Münchner Ursendung die Elbe gesprochen.

Dabei waren auch Regisseure wie Kortner aus der Emigration zurückgekommen, vom Leben gezeichnet. Das war eine Begegnung, als ich Kortner das erste Mal nach der Emigration wiedersah. Ich sitze in einer Premiere in den Kammerspielen, da seh' ich schräg vor mir einen schweren Mann mit eisgrauem Kopf – ich kannte ihn von früher, wie eine Gerte, guck mir das Gesicht an: Kortner! Ich hab' Rotzblasen und Reiherschnecken geheult! Nichts mehr vom Stück, ich hab' nur noch Kortner gesehen, wie der sich verändert hatte in der langen Zeit der Emigration. Kortner hat mich dann in seine Inszenierungen genommen. Wir haben die Uraufführung von *Donauwellen* gemacht, sein eigenes Stück über den Opportunismus in Österreich. Ich hab' großartige Erinnerungen an die Regiearbeit mit ihm, an seine Intensität, sein Immer-auf-den-Grund-Gehen. Das war so was wie meine Brücke zu Brecht.

1953 oder 1954 nahm mich Käthchen Braun mal mit nach Berlin. Und da wollte ich auch das »berüchtigte« Ostberlin sehen und in das berühmte Berliner Ensemble gehen. Ich kam mit dem Geld nicht zurecht und mit gar nichts. Ich hatte eine Nichte, und die war Regieassistentin bei Brecht. Sie fragte mich, was ich spiele. Und es stellte sich heraus, daß ich so jüngeres Giehse-Fach spielte. Die Giehse war gerade weg vom BE. Und da wurde ich vor Brecht gezerrt, wirklich gezerrt, ich wollte gar nicht, und Brecht, mit seiner kleinen Brille guckte und sagte: »Ja. Ge-

Else Wolz in der Titelrolle von Rolf Hochhuths Die Hebamme *am Volkstheater Rostock – 1972; Regie: Harry Erlich*

hen Sie gleich zu Helli!« Dann habe ich noch vorgesprochen, kam nach Haus' und hatte einen Vertrag mit Brecht.

Sie haben mich mit vier Aufführungen total besoffen gemacht. Das war *Don Juan*, das war *Katzgraben*, das war

Die Mutter und *Prozess der Jeanne d'Arc* mit der Reichel. Nach diesen vier Vorstellungen hätte ich blind alles unterschrieben. In München wurde ja auch sehr gutes Theater gemacht. Aber Brecht sagte, Theater soll zum Denken und Mitdenken bringen. Das war für mich die große Veränderung. Die Milchbäuerin im *Kaukasischen Kreidekreis* war meine erste Aufgabe am BE. Dann kam *Winterschlacht* und anderes. Ich hab' viel zu tun gehabt.

Und dann starb Brecht. Keiner hat's gewußt und keiner hat's geglaubt. Vierzehn Tage vorher saß ich mit Wolf Kaiser und Norbert Christian im Raucherzimmer. Und es hieß, Brecht wolle sich eine Probe ansehen. Er war krank gewesen; wir dachten, nun ist er wieder gesund. Aber es kam eine Durchsage vom Inspizienten: Brecht bittet, daß man ihn nicht anspricht und ihm nicht die Hand gibt. Das war etwas ganz Ungewohntes. Wir guckten aus dem Fenster und sahen, wie Brecht ankam …

Weil ich bei Film und Fernsehen dann soviel machte, kam ich mit der Weigel in Konflikt. Dudow hatte mich wohl in der *Winterschlacht* gesehen und holte mich für seinen DEFA-Film *Der Hauptmann von Kölln*, und Helli hat zu mir gesagt (ich hab' das alles nicht gewußt und nicht kapiert): »Wer an unserem Theater ist, muß auf vieles verzichten.« Der Vertrag ist dann gelöst worden, ich hatte bei der DEFA, beim Fernsehen und beim Funk mehr zu tun, als ich eigentlich schaffen konnte. Ich hab' soviel gespielt! Wenn ich manchmal einen alten Film sehe: Hach, Mensch, det bin ja ich! Auch Synchron, das kann man nicht alles behalten. *Lissy* hat mich sehr beeindruckt, auch die Arbeit mit Konrad Wolf. Später, als ich Dudows *Hauptmann* noch einmal sah, fand ich, es war ein guter Film. Aber mich fand ich nicht gut. Ich hatte nicht genügend Bildgefühl. Ich habe das Filmen erst lernen müssen. Man muß ja viel weniger machen.

1969 bin ich nach Rostock gegangen. Davor, nach den Jahren der Überbeschäftigung bei Fernsehen und Film,

Else Wolz als Rachel (ihre letzte Rolle) in Hans Werner Henzes La Cubana *am Volkstheater Rostock – 1981; Regie: Hanns Anselm Perten*

eine Zeit fast ohne Angebote. Das hängt, glaube ich, mit der Unberechenbarkeit dieses Berufes zusammen, mit Zufällen, natürlich auch mit unproduktiven Phasen bei einem selber.

Nach dem Berliner Ensemble wollte ich eigentlich gar nicht wieder Theater spielen. Dann kam das Telegramm von Perten. Und ich war ganz plötzlich wieder in einem festen Ensemble, mit festen Aufgaben. Ich habe es nicht bereut. Ich weiß nicht, ob ich mich in Berlin hätte halten können. Nach den Jahren nur mit Film, Fernsehen, Funk und Synchron bin ich wieder beim Theater, und – um das von meinem Standpunkt aus noch präziser zu sagen – heute bei einem Theater, wo Denken und Mitdenken, wie es Brecht gesagt hat, nicht mehr ausreichen. Es gehören Phantasie und Leidenschaft dazu. Mit Rollen hier in Rostock, die mir eine neue Phase eröffnet haben. Die Prism in *Bunbury*, die alte Heilsarmee-Schlampe, meine erste große Rolle in Rostock, habe ich leidenschaftlich gern gespielt. Dann die Celestina, später Hochhuths Hebamme. Der Hochhuth wollte, daß ich das aufschreibe, was ich erlebt habe, was ich gemacht habe, vom Reinhardt-Seminar bis zu Perten in Rostock. Ich habe gesagt, vielleicht später, jetzt will ich noch spielen.

Das Rostocker Publikum ist sehr aufgeschlossen. Wir haben Friels *Liebesaffären* über 55mal gespielt, mit so nicht erwartetem Erfolg. Das liegt am Stück, an der feinnervigen Rolle der Cass McGuire, so etwas wie eine Summe meines Lebens für mich. Wir haben einmal eine Vorstellung vor Rentnern gehabt, sie haben steinern dagesessen, sie haben nicht gelacht, aber am Schluß haben sie heftig geklatscht. Die Vorstellung war quälend. Bei uns werden jetzt die Altersheime mitten ins Neubaugebiet gebaut, mitten ins Leben. Das ist gut so. Aber jeder muß trotzdem mit seinem Schicksal fertigwerden. Und da ist es gut, eine Figur zu spielen, die sich nicht umhauen läßt und nicht aufgibt.

Bei den Proben zu *La Cubana* hätte ich selbst aufgegeben, wenn Perten nicht gewesen wäre. Ich spielte darin die alte Rachel, die die ganze Zeit auf der Bühne ist. Daß ich schlechte Augen habe, weiß jeder. Der Chef hat mir Mut gemacht, mir vertraut, und mir maximale Erleichterungen verschafft; er hat mir ganz ungewohntermaßen einen Souffleurkasten einbauen lassen, und ich werde auf einem Sofa von Szene zu Szene geschleppt. Eine herrliche Rolle, Perten hat die Komödianterie der Figur herausgeholt …

Aufgezeichnet von Wolfgang Schuch

Biografische Notizen

(Rollen, Regiearbeiten sowie dramatische Werke jeweils auszugsweise)

Barrault, Jean-Louis, geboren 1910, französischer Schauspieler, Regisseur, Theaterleiter, Theoretiker; studierte bei Dullin, an dessen Théâtre de l'Atelier erstes Engagement, zugleich Schüler des Pantomimen Decroux, 1935 erste Regie (Mimodrama *Autour d'une mère* nach Faulkner), im gleichen Jahr Gründung des Studio Grenier des Augustins (Zusammenarbeit mit Bréton, Prévert, Freundschaft mit Artaud), 1937 Übernahme des Théâtre Antoine, 1940 Verpflichtung an die Comédie Française durch Copeau, im gleichen Jahr Heirat mit M. Renaud, 1946 Abschied von der Comédie, Gründung einer eigenen Truppe (meist im Théâtre Marigny oder Palais Royal), zahlreiche Inszenierungen mit Renaud in Hauptrollen, 1959 Übernahme des Odéon (Salle Luxembourg) als Théâtre de France, 1968 Entlassung wegen Unterstützung der revolutionären Aktionen im Mai 1968, danach verschiedene Gast-Inszenierungen und Gastspielreisen (wie auch schon vorher). Rollen: Rodrigo (Corneille *Le Cid*), Hamlet (Shakespeare), JosefK. (Gide nach Kafka *Der Prozeß*), Deburau (Prévert *Babtiste*), Scapin (Molière, Regie: Jouvet), Merkur (Molière *Amphitryon*), Bacchus (Cocteau, Titelrolle, Regie: Cocteau) u. a.; etliche Filmrollen: Deburau (Carné *Die Kinder des Olymp*), Dr. Cordelier (Renoir *Das Testament des Dr. Cordelier*) u. a.; Inszenierungen: *Numance* (nach Cervantes, 1937 und 1965), *Hunger* (nach Hamsun) im Studio; Racine *Phädra*, Claudel *Der seidene Schuh* (dasselbe 1972 in einem Rundzelt am Gare d'Orsay), Shakespeare *Antonius und Cleopatra*, Comédie Française, Marivaux *Die falschen Geständnisse*, Claudel *Mittagswende*, Camus *Belagerungszustand*, Montherlant *Malatesta*, Obey *Lazarre*, Claudel *Christoph Columbus* (1953, erneut 1962, Essen), Aischylos *Orestie*, Schéhadé *Die Geschichte von Vasco*, Giraudoux *Impromptu*, Anouilh *Die Probe*, Gide *Ödipus*, alle Théâtre Marigny; Ionesco *Fußgänger der Luft* (französische Erstaufführung: 1963), Billetdoux *Durch die Wolken* (Uraufführung: 1964, Bühnenausstattung: Allio), Duras *Ganze Tage in den*

Bäumen (Uraufführung: 1966), Genet *Die Wände* (französische Erstaufführung: 1966, Regie: Blin), Flaubert *Die Versuchung des heiligen Antonius* (Regie: mit M. Bejart), alle Théâtre France; Rabelais *Gargantua und Pantagruel* (nach dem gleichnamigen Roman), *Jarry sur la butte* (nach Stücken von Jarry), *Zarathustra* (nach Nietzsche, 1974) u. a.; Schriften: Réflexions sur le théâtre (1949), Nouvelles réflexions sur le théâtre (deutsch: Betrachtungen über das Theater, 1962); Memoiren: Erinnerungen für morgen (1967).

Ehre, Ida, geboren 1900, österreichische Schauspielerin, Regisseurin, Theaterleiterin; seit den 20er Jahren in Deutschland tätig (1949 BRD); Studium an der Akademie für Musik und darstellende Künste Wien, debütierte 1918 in Bielitz als Iphigenie, war anschließend engagiert in Bukarest, Cottbus, Bonn, Stuttgart, Mannheim, Berlin, Hamburg; 1945 Gründung der Hamburger Kammerspiele, denen sie seitdem vorsteht; Mitglied zahlreicher Verbände, kulturpolitische Tätigkeit; Rollen: Weibsteufel (Schönherr, Titelrolle), Viola (Shakespeare *Was ihr wollt*), Mutter Courage, Hekuba (Euripides/Werfel *Troerinnen*), Armanda Wingfield (Williams *Die Glasmenagerie*) u. a.; Inszenierungen: Hauptmann *Der Biberpelz*, Shaw *Candida*, Hamburg; Lorca *Bernarda Albas Haus*, Kammerspiele Lübeck u. a.; auch Film- und Funktätigkeit.

Heinz, Wolfgang, geboren 1900, gestorben 1984, Schauspieler, Regisseur, Theaterleiter in der DDR, österreichischer Abkunft, Professor; engagiert in Eisenach, Wien, Hamburg (bei Ziegel), Berlin (Deutsches Theater und Staatliches Schauspielhaus), Freundschaft mit Hans Otto, 1933 Emigration, von 1934 bis 1948 am Schauspielhaus Zürich, als Schauspieler und Regisseur Zusammenarbeit mit Langhoff; 1946 Wiener Volkstheater, 1948–56 Direktor des Neuen Theaters in der Scala, Wien, zusammen mit Paryla, Stöhr, Tausig, Pelikowsky (seine Ehefrau), seit 1950 Regietätigkeit am Deutschen Theater Berlin. Nach Schließung der fortschrittlichen Scala 1956 endgültig am Deutschen Theater als Schauspieler und Regisseur, 1962/63 Intendant der Volksbühne Berlin, 1963–69 Intendant des Deutschen Theaters Berlin, seitdem auch Schauspieler und Regisseur am Berliner Ensemble und am Deutschen Theater Berlin; Heinz war Schauspielpädagoge und zeitweise Direktor der Staatlichen Schauspielschule Berlin; spielte auch einige Filmrollen (u.a. in *Geschwader Fledermaus* von Engel), Mitglied der Akademie der Künste der DDR, Präsident des Theaterverbandes, 1954, 1959 Nationalpreis, 1968, 1984 Nationalpreis der DDR 1.Klasse für sein Gesamtschaffen; Rollen: In früher Zeit spielte er u.a. Mortimer (Schiller *Maria Stuart*), Chassecoeur (Grabbe *Napoleon*), Woyzeck (Büchner, Titelrolle), Shylock (Shakespeare *Der Kaufmann von Venedig*), Geßler (Schiller *Wilhelm Tell*), Falstaff (Shakespeare *König Heinrich IV.*); in Zürich: Danton (Büchner, Titelrolle), Jago (Shakespeare *Othello*), Mannon (O'Neill *Trauer muß Elektra tragen*), König Heinrich IV. (Shakespeare, Titelrolle), Sarynzen (Tolstoi *Das Licht leuchtet in der Finsternis*), Claudius (Shakespeare *Hamlet*), Pastor Manders (Ibsen *Gespenster*), Koch (Brecht *Mutter Courage*, Uraufführung: 1941, Regie: Lindtberg, mit Giehse); in Berlin: Teterew (Gorki *Die Kleinbürger*, 1957), König Lear (Shakespeare, Titelrolle, Übernahme: 1957), Wallenstein (Schiller, 1959), Professor Mamlock (Wolf, Titelrolle, 1960), Nathan (Lessing, Titelrolle, 1966), zuletzt am Berliner Ensemble Galilei (Brecht, 1971). Als Regisseur besondere Beziehung zu Hauptmann, Shaw, Tschechow, Gorki. Die wichtigsten Inszenierungen: Gorki *Somow und andere* (1954), Hauptmann *Vor Sonnenuntergang* (1955), Gorki *Die Kleinbürger* (1957, Co-Regie mit Paryla), Gorki *Sommergäste* (1951), Tschechow *Der Kirschgarten* (1961), Shaw *Haus Herzenstod* (1962), Hauptmann *Florian Geyer* (1962/63), Gorki *Feinde* (1967), Tschechow *Onkel Wanja* (1972); andere wichtige Arbeiten: Ostrowski *Gewitter* (1951), Shakespeare *Othello* (1953) und *Hamlet* (1964), Tolstoi *Krieg und Frieden* (Neumann/Piscator zusammen mit H. Fischer, 1963 in der Volksbühne, 1964 am Deutschen Theater), *Faust* (1968, zusammen mit Dresen), Goldoni *Die Sommerfrische* (1974), Hacks *Adam und Eva* (1975), Gorki *Die Letzten* (1975, Maxim Gorki Theater).

Held, Martin geboren 1908, deutscher Schauspieler (1949 BRD); ursprünglich Techniker, studierte an der Staatlichen Schauspielschule Berlin, erstes Engagement 1931, kam über Königsberg,

Dresden, Bremerhaven, Darmstadt 1941–51 nach Frankfurt am Main, seit 1951 Schiller- und Schloßpark-Theater Westberlin, zahlreiche Filmrollen, u. a. in gesellschaftlich engagierten Filmen von Staudte; Rollen: Wehrhan (*Der Biberpelz*, 1951), Graf Almaviva (Beaumarchais *Der tolle Tag*), Leicester (*Maria Stuart*, 1952), dos Santos Novas (U. Becher *Samba*), Jacques (*Wie es euch gefällt*, 1953), Bacon (Bruckner *Elisabeth von England*), Malvolio (*Was ihr wollt*, 1954), Mephisto (Regie: Barlog), Ulysses (*Troilus und Cressida*), Kalb (*Kabale und Liebe*, 1955); in Stücken von Anouilh: Orlas (*Die Schule der Väter*, 1955), Ornifle (Titelrolle, 1956), General Quixote (Titelrolle, 1957), General (*Walzer der Toreros*, 1959); Archie Rice (Osborne *Der Entertainer*, 1958), Don Juan (Molière, Titelrolle, 1960, Regie: Kortner), Lehrer (Frisch *Andorra*, 1962); in Stücken von Brecht: *Herr Puntila und sein Knecht Matti* (Titelrolle), Leben des Galilei (Titelrolle, 1962); Erster Schauspieler (Stoppard *Rosenkranz und Güldenstern*, 1967), Clark (Simon *Sonny-Boys*, 1973), in Pinters *Niemandsland* (1975, Regie: Litzau).

HINZ, WERNER geboren 1903, gestorben 1985; deutscher Schauspieler (ab 1950 BRD); studierte 1920–22 an der Reinhardt-Schule Berlin, begann 1922 in Wedekinds *Frühlings Erwachen*, bis 1924 Deutsches Theater Berlin, 1924/25 Kammerspiele Hamburg, danach an kleineren Theatern, 1928/29 Schauspielhaus Zürich, 1929–32 Darmstadt, 1932–39 Deutsches Schauspielhaus Hamburg, 1939–44 Volksbühne Berlin, 1945–47 wieder Hamburg, 1947–50 Deutsches Theater Berlin bzw. Berliner Ensemble, Hebbel- und Schloßpark-Theater in Berlin, danach am Residenztheater München und Schauspielhaus Zürich, seit 1955 Deutsches Schauspielhaus Hamburg, auch Zürich, Gastspiele in Recklinghausen und Salzburg; zahlreiche Filme u. a. bei Maetzig (*Die Buntkarierten*), Engel (*Der Biberpelz*); Rollen: zahlreiche in Operetten und musikalischen Schwänken, wichtige Rollen des klassischen Liebhaber- und Heldenrepertoires, u. a. Mortimer, Prinz Friedrich von Homburg, Bleichenwang (Shakespeare *Was ihr wollt*), Mackie Messer (Brecht *Dreigroschenoper*), Zettel (Shakespeare *Ein Sommernachtstraum*), Essex (Bruckner *Elisabeth von England*), Hjalmar Ekdal (Ibsen *Die Wildente*, dasselbe 1935 Hamburg, 1940 Volksbühne, 1954 Zürich), Kreon (Gide *Oedipus*), alle

Darmstadt; Tellheim (Lessing *Minna von Barnhelm*, 1935, dasselbe 1943, Hamburg), Posa (Schiller *Don Carlos*), Achill (Kleist *Penthesilea*), alle Hamburg; Jupiter (Kleist *Amphitryon*), Gyges (Hebbel), Wehrhan (Hauptmann *Der Biberpelz*), Prinz (Lessing *Emilia Galotti*), Hamlet (Shakespeare), alle Volksbühne; Mephisto (alternierend mit Gründgens) und Faust, Staatstheater 1943/44; Hellmer (Ibsen *Nora*), Scholz (Wedekind *Marquis* von Keith), Fiesco (Schiller), alle an verschiedenen Theatern Berlins; Richard II. (Shakespeare), Narr (Shakespeare *Was ihr wollt*), Prospero (Shakespeare *Der Sturm*), Kreon (Sophokles *Antigone*), Calan (Barlach *Die Sündflut*), alle Hamburg; Krull (Sternheim *Die Kassette*), Feldprediger (Brecht *Mutter Courage*, Regie: Brecht, mit Weigel), alle Deutsches Theater und Berliner Ensemble; Jago (Shakespeare *Othello*), Hebbel-Theater; Warwick (Shaw *Die heilige Johanna*), Wittenstein (Giraudoux *Undine*), Loman (Miller *Tod eines Handlungsreisenden*), Malvolio (*Was ihr wollt*, 1954), Zürich; Octavio (Schiller *Wallenstein*), Faust (Grabbe *Don Juan und Faust*, 1959, Regie: Gründgens), Graham (Brecht *Die heilige Johanna der Schlachthöfe*, Uraufführung 1959, Regie: Gründgens), Edgar (Strindberg *Totentanz*, 1963, Regie: Gründgens), Der Vater (Strindberg, Titelrolle, Regie: Kortner), Hughie (O'Neill, Titelrolle, 1960, Salzburg), Lehrer (Walser *Die Zimmerschlacht*, Uraufführung: 1967, Regie: Kortner, München), Harry, (Store *Home* 1972), Maske (Sternheim *1913*, 1973/74), König Philipp (Schiller *Don Carlos*, 1975, Regie: H. Koch), alle Hamburg (außer O'Neill und Walser).

JEFREMOW, OLEG NIKOLAJEWITSCH geboren 1927, sowjetischer Schauspieler und Regisseur; absolvierte 1949 das Schauspielstudio des MCHAT und wurde vom Ensemble des Zentralen Kindertheaters Moskau engagiert. Rollen am Theater (auszugsweise) zwischen 1950 und 1955: Wolodja Tschernyschjow (Rosow *Ihre Freunde*, 1949), Kostja (Rosow *Seiten des Lebens*, 1950), Alexej (Rosow *Hals und Beinbruch*), Iwan (Jerschow *Das bucklige Pferdchen*), Grigori (Puschkin *Boris Godunow*). Seit 1955 als Regisseur tätig. Debüt mit *Der unsichtbare Dimka*. 1957 Organisation eines Studios junger Schauspieler, aus dem 1958 das Sowremennik hervorging. Rosow *Die ewig Lebenden* (Regie und Rolle des Boris,

1957), Rosow *Auf der Suche nach Freude* (Regie und Rolle des Fjodor, 1957), Wolodin *Fünf Abende* (Regie und Rolle des Iljin, 1959), Simonow *Der Vierte* (Regie und Titelrolle, 1961), Rostand *Cyrano de Bergerac* (Regie, 1964), Rosow *Am Tage der Hochzeit* (Regie, 1964), Sorin *Dekabristen* (Regie und Rolle Nikolai I., 1967), Swobodin *Narodowolzen* (Regie und Rolle des Sheljabow, 1967), Schatrow *Bolschewiki* (Regie, 1967), Gorki *Nachtasyl* (Regie, 1968), Tschechow *Die Möwe* (Regie, 1970) u. a. Seit 1971 Chefregisseur am Künstlertheater (MCHAT). Gorki *Die Letzten* (Regie, 1971), Bobarjew *Stahlschmelzer* (Regie, 1972), Rostschin *Das alte neue Jahr* (Regie, 1974), Tschechow *Iwanow* (Regie, 1976), Gelman *Rückkopplung* (Regie, 1978), Wampilow *Entenjagd* (Regie und Rolle des Silow, 1979), Tschechow *Die Möwe* (Regie, 1980), Gelman *Zwei auf einer Bank* (Regie und Rolle des Andrej, 1981), Gelman *Allein mit allen* (Regie, 1984), Tschechow *Onkel Wanja* (Regie, 1985). Mitwirkung in vielen Filmen (*Der erste Transportzug, Die Lebenden und die Toten, Krieg und Frieden, Autoaffären, Drei Pappeln auf der Pljustschicha-Straße, Leuchte, mein Stern, leuchte, Poem über Flügel, Das alte neue Jahr*) u. a.

LEGAL, MARGA geboren 1908, deutsche Schauspielerin (1949 DDR); studierte in München 1925/26, debütierte 1926 in Aachen, 1928–46 engagiert in Wuppertal, Stuttgart, Königsberg, Hamburg, 1946–55 Theater am Schiffbauerdamm und Volksbühne Berlin, 1955–68 Maxim Gorki Theater, dort Ehrenmitglied, seitdem freischaffend bei Fernsehen, Film, Funk und Synchronstudio; Trägerin des Kunstpreises und des Nationalpreises der DDR und anderer Auszeichnungen; Rollen: Turussina (Ostrowski *Eine Dummheit macht auch der Gescheiteste*, 1948, Regie Wäscher), Marquise (Goethe *Der Großkophta*, 1950, Regie: Reichert), Theater am Schiffbauerdamm; Apollinaria (Ostrowski *Der schöne Mann*, 1955, Regie: Bortfeldt), Anna (Kornejtschuk *Das Vertrauen*, 1956, Regie: M. Vallentin), Sophie (*Clavigo*, 1957, Regie: Mäde), Fräulein Juel (Kaiser *David und Goliath*, 1957, Regie: Klingenberg), Kwaschnja (*Nachtasyl*, 1957, Regie: Vallentin), Maria (Rachmanow *Stürmischer Lebensabend*, 1957, Regie: Schulz-Wittan), Krügers Frau (H. u. I. Müller *Der Lohndrücker*, 1958, Regie: Mäde), Margret (Matusche *Nacktes Gras*, 1958, Regie: Mäde),

Kleopatra (Gorki *Feinde*, 1959, Regie: Mäde), Stella (MacColl *Rummelplatz*, 1961, Regie: Mäde), Die alte Martin (Sakowski *Steine im Weg*, 1962, Regie: Gaillard), in Hammels *Frau Jenny Treibel, Um neun an der Achterbahn* (Regie: Schönemann, 1964), Michels Mutter (Freitag/Nestler, *Seemannsliebe*, 1967, Regie: Veth) u. a.; Filmrollen: in *Das verurteilte Dorf, Fünf Tage – fünf Nächte;* Fernsehrollen: in *Wolf unter Wölfen, Die Bilder des Zeugen Schattmann, König Ödipus* (nach Fühmann) u. a.

MACHEINER, LISA geboren 1914, österreichisch-deutsche Schauspielerin (1956 DDR); 1931 Landestheater Innsbruck; 1934 Raimund-Theater Wien; 1936 Deutsches Theater Prag; 1939 Volkstheater München; 1945 Kammerspiele München; 1958 Volksbühne Berlin; ab 1960 Deutsches Theater Berlin; Film- und Fernsehaufgaben; Rollen: Rautendelein (Hauptmann *Versunkene Glocke*), Jenny (Brecht *Dreigroschenoper*, Regie: Buckwitz), Wiener Baroneß (Kortner *Donauwellen*, Regie: Kortner), Frau von Cypressenburg (Nestroy *Der Talisman*), Millionärin (Shaw *Die Millionärin*), Kennedy (Schiller *Maria Stuart*) u. a.

MEYER, GERHARD geboren 1915, deutscher Schauspieler, Regisseur und Intendant; verheiratet mit der Schauspielerin Anny Stöger; 1937 Stadttheater Döbeln, 1938 Sächsische Wanderbühne Chemnitz, 1945 Stadttheater Freiberg, 1949 Städtisches Theater Leipzig, 1951 Deutsches Theater Berlin, 1954 Neues Theater in der Scala Wien, 1957 Hans-Otto-Theater Potsdam, 1967 Städtisches Theater Karl-Marx-Stadt. Rollen: Wurm (Schiller *Kabale und Liebe*), Jago (Shakespeare *Othello*), Mephisto (Goethe *Faust*), Spitta (Hauptmann *Die Ratten*), Burleigh (Schiller *Maria Stuart*), Rauch (Horváth *Kasimir und Karoline*), ten Lohe (Wendt *Dachdekker*). Inszenierungen vor allem russischer und sowjetischer Dramatik. Seit 1967 Generalintendant der Städtischen Theater Karl-Marx-Stadt.

PELIKOWSKY, ERIKA geboren 1918, österreichische Schauspielerin (DDR); studierte am Max-Reinhardt-Seminar Wien, debütierte

1939 am Burgtheater, spielte 1943/44 am Schiller-Theater Berlin, 1945 wiederum am Burgtheater, außerdem am Volkstheater und an der Neuen Scala, später am Düsseldorfer Schauspielhaus, seit 1957 Deutsches Theater Berlin, seit 1970 Berliner Ensemble, Nationalpreis der DDR, war verheiratet mit Wolfgang Heinz; Rollen: Luise Millerin (Schiller *Kabale und Liebe*, 1940), Das Käthchen von Heilbronn (Kleist, Titelrolle, 1942), Wien; Margarete (*Faust*, 1944), Berlin; Antigone (Anouilh, Titelrolle, 1945), Jeanette (Anouilh *Romeo und Jeanette*, 1947), *Die ehrbare Dirne* (Sartre, Titelrolle, 1954/55, dasselbe Deutsches Theater Berlin 1957), Wien; Tatjana (Gorki *Die Kleinbürger*, 1957, Regie: Heinz/Paryla), in *Sommergäste* (Gorki, 1958, Regie: Heinz), Ranjewskaja (Tschechow *Der Kirschgarten*, 1962, Regie: Heinz), Elica (Wolfe/Frings *Schau heimwärts, Engel*, 1963), Stella (Kilty *Geliebter Lügner*, 1964, Regie: Heinz), Hekuba (Euripides/Braun *Die Troerinnen*, 1969, Regie: Heinz), alle Deutsches Theater; Frau Sarti (*Leben des Galilei*, 1971, Regie: Bennewitz, nach Engel), in *Katzgraben* (1972/73, Regie: Tragelehn), in *Turandot oder Der Kongreß der Weißwäscher* (Brecht, 1972/73), Celestina (de Rojas/Mickel, Titelrolle, Uraufführung 1974, Regie: Pörschmann/Schmidt) u.a.; Fernsehrollen: Mutter (Williams *Die Glasmenagerie*), Atossa (Aischylos *Die Perser*), Linda Loman (Miller *Der Tod des Handlungsreisenden*), Alexandra (Anouilh *Colombe*) u.a., ferner etliche Filmrollen.

Sturm, Peter geboren 1910, gestorben 1984, österreichisch-deutscher Schauspieler (1956 DDR); seit 1934 Mitglied der KPÖ, 1935 Verhaftung, 1938 erneute Verhaftung, Inhaftierung in verschiedenen Konzentrationslagern (Dachau, Buchenwald); erste Auftritte im ABC-Café-Theater in Wien Anfang der dreißiger Jahre; 1946 Theater in der Josefstadt Wien; 1953 Neues Theater in der Scala Wien; 1956 Deutsches Theater Berlin; seit 1961 Mitglied des DDR-Fernsehensembles; Rollen: Dr. Zwicker (Nestroy *Theaterg'schichten*), Wirt (Shaw *Mann des Schicksals*), Friseur (Molnár *Liliom*); Rose (in dem DEFA-Film *Nackt unter Wölfen*); Fredo (*Eine alte Liebe* – Fernsehen der DDR); zahlreiche Rollen bei Film und Fernsehen, beim Funk.

Töröcsik, Mari geboren 1935, ungarische Schauspielerin, Verdiente Künstlerin; studierte an der Theaterhochschule Budapest, begann bereits im ersten Jahr zu filmen (in Zoltán Fábris *Das Karussell*), seit 1958 am Nationaltheater Budapest, zahlreiche internationale Preise; Rollen: Tanja (Arbusow *Irkutsker Geschichte*), Viola (Shakespeare *Was ihr wollt*), Tünde (Vörösmarty *Csongor ĕs Tünde*), Cordelia (Shakespeare *König Lear*), Julia (Sorin *Warschauer Melodie*), Johanna (Brecht *Die heilige Johanna der Schlachthöfe*), Shen Te/Shui Ta (Brecht *Der gute Mensch von Sezuan*), Helena (Offenbach/Hacks *Die schöne Helena*), in Stücken von Mikszáth, Darvas, Moricz, Németh u.a.; zahlreiche Filmrollen.

Uljanow, Michail Alexandrowitsch geboren 1927, sowjetischer Schauspieler, Regisseur, Verdienter Künstler der RSFSR; studierte im Studio des Omsker Theaters, 1946–50 an der Moskauer Stschukin-Schule, seitdem im Ensemble des Wachtangow-Theaters, seit 1953 Filmtätigkeit, u. a. unter Pyrjew, dessen *Brüder Karamasow* (nach Dostojewski) er mit Lawrow vollendete; Rollen: Belous (Arbusow *Stadt in der Morgenröte*, 1956), Rogoshin (nach Dostojewski *Der Idiot*, 1957), Sergej (Arbusow *Irkutsker Geschichte*, 1960), Brighella (Gozzi *Prinzessin Turandot*, 1963), Michele (de Filippo *Filomena Marturano*), Lenin (Pogodin *Der Mann mit dem Gewehr*, 1970/71), Antonius (Shakespeare, Titelrolle, 1970, Regie: Simonow), ferner in den Stücken von Marschak, Sofronow, Pogodin, Sorin u. a.; Filmrollen: Bachirew (*Schlacht unterwegs*, 1961), Dmitri Karamasow (1968/69), Marschall Shukow (*Befreiung*, 1971) u. a.

Wessely, Paula geboren 1907, österreichische Schauspielerin; studierte an der Akademie für Musik und Darstellende Kunst Wien, debütierte 1924 am Deutschen Volkstheater Wien, Engagements am Deutschen Volkstheater Prag, ab 1929 Theater in der Josefstadt Wien, 1932–39 auch Rollen am Deutschen Theater Berlin; seit 1953 Mitglied des Burgtheaters. Ab 1934 auch Filmarbeit, erster Film *Maskerade* unter der Regie von Willi Forst. Zahlreiche Ehrungen und Preise, Akademiemitglied Wien. Rollen: Josephine (Sardou *Cyprienne*, 1924), Wendla Bergmann (Wedekind

Frühlings Erwachen, 1928), Luise (Schiller *Kabale und Liebe*, 1930), Rose Bernd (Hauptmann, Titelrolle, 1932), Die heilige Johanna (Shaw, Titelrolle, 1934), Hero (Grillparzer *Des Meeres und der Liebe Wellen*, 1937), Dorothea Angermann (Hauptmann, Titelrolle, 1939), Gretchen (Goethe *Faust*, 1933), Mascha (Tschechow *Drei Schwestern*, 1940), Maria Stuart (Schiller, Titelrolle, 1956), Nora (O'Neill *Fast ein Poet*, 1957), Emilie (Shakespeare *Othello*, 1966), Frau Alving (Ibsen *Gespenster*, 1975), Baronin (Hofmannsthal *Der Unbestechliche*, 1980) u. a.; zahlreiche Fernsehrollen z. T. in eigener Produktion.

WOLZ, ELSE geboren 1908, gestorben 1983, deutsche Schauspielerin; Engagement an den Münchner Kammerspielen, am Theater in Neuß, am Schauspielhaus Düsseldorf, an der Münchner Kleinen Komödie, am Berliner Ensemble; Arbeiten bei der DEFA, beim Funk und Fernsehen der DDR, 1969 Volkstheater Rostock; Rollen: Schauspielkönigin (Shakespeare *Hamlet*), Amme (Shakespeare *Romeo und Julia*), Hanne Scheel (Hauptmann *Fuhrmann Henschel*), Berta (Kästner *Pünktchen und Anton*), Milchbäuerin (Brecht *Der kaukasische Kreidekreis*), Die Hebamme (Hochhuth, Titelrolle), Rachel (Henze *La Cubana*) u. a.

Quellenangaben

Folgende Gespräche wurden erstmals veröffentlicht in:

»Theater der Zeit«	4/75	–	Wolfgang Heinz
»Theater der Zeit«	4/80	–	Marga Legal
»Theater der Zeit«	11/84	–	Lisa Macheiner
»Theater der Zeit«	3/84	–	Gerhard Meyer
»Theater der Zeit«	4/81	–	Erika Pelikowsky
»Theater der Zeit«	4/82	–	Else Wolz
»Film und Fernsehen«	12/82	–	Jean-Louis Barrault

Alle anderen Gespräche in diesem Band wurden originär für diese Veröffentlichung geführt.

Fotonachweis

Allgemeiner Deutscher Nachrichtendienst (1), Clausen (4), Meyer-Hanno (1), Pisarek (5), Saeger (7), Poetschukat (1), Croner (3), Buhs (1), Willott (1), Wilhelmi (1), Funke (1), Steinmetz (2), Looschen (1), Brandt (1), Wolf (1), Hirschfeld (1), Voigtländer (1), Zeissig (1), de Kepper (1), Foto-Service Martin (1), Schmidt (1), Fischer (1), Tenschert (1), Baldina (1), Fotochronika TASS (1), DEFA – Wenzel (1), Denger (1), Leher (1), Levermann-Westerholz (1), Alvarez (1), Archiv (29).

ISBN 3-362-00036-3

1. Auflage
Lizenz-Nr. 414.235/71/86
LSV-Nr. 8408
Lektorin: Dagmar Schmidt
Typografie: Horst Albrecht
Printed in the German Democratic Republic
Gesamtherstellung: IV/10/5 Druckhaus Freiheit Halle
625 634 3
00600